JN409443

고훈식 시인의 詩가 있는 수필

짧은 포옹 긴 이별

도서출판 국보

Contents

1장

언어감성으로 옮긴 사랑

序詩 /12

눈물겨운 사랑 /16

여우의 눈흘김 /20

야간열차 /24

밤비 /28

탐스러운 사과 /32

꽃과 나비 /36

겨울 장미 /40

붉은 장미 한 송이 /44

밤꽃 /48

꽃샘추위 /53

Contents

2장

언어미학으로 그린 영상

기다림 /60

그리운 水菊 /64

달 /68

미라의 탄생 /71

풀꽃 그림자 /75

표범의 달밤 /79

물방울을 노래함 /82

해송 /87

방글라데시의 시골 풍경 /91

버선 /95

유곽지대 /99

Contents

3장

언어음악으로 부른 영탄

정기적금 통장 /104

청령포의 한 /108

혼(魂) /114

하얀 침묵 /118

추락하는 잉어 /122

빛나는 슬픔 /125

玄武巖의 默示錄 /129

물망초 /133

가을의 길손 /140

모닥불 /144

白紙 /148

Contents

4장

그리운 세월 희비쌍곡선

화가 천경자의 어록 /160

烏瞰圖 第一號 鳥瞰 (오감도 제1호 조감) /163

길 없는 길 /172

인생은 영화처럼 /176

석부작 박물관 /180

주막집 등불 /184

무슨 사연 있겠지 /187

박쥐 /191

초등학교의 비밀 /195

공부하기 싫은 너에게 /199

울고 싶은 봄비 /203

Contents

5장

허공중에 맺힌 눈물보석

청춘 /208

꽃과 거북이 /212

어떤 귀향 /216

가시철조망 /220

거북이의 무덤 /224

무지개 /228

허공 /233

문어와 참외 /237

江의 침묵 /240

눈 내리는 밤 /244

餘白 /248

짧은 포옹 긴 이별을 위하여

시는 시인의 보검이다. 즉, 시인은 검투사라는 말이다. 독자들을 상대로 새로운 무예를 펼쳐 보일 검법이 있어 자신의 시를 옹호하고 권장하고 가치를 정하는 것은 신성한 의무에 속한다.

지금도 시는 시인의 손을 떠나면 독자의 몫이라고 그럴듯하게 시의 다양성을 강조한다.

독자들마다 관점이 다름으로 나름 해설하고 평가하여 시의 품위를 정하면 된다는 기회주의 발상에 나는 처음부터 반론을 품었다.

자신도 예견하지 못한 경우로 순전히 타인에 의하여 시가 명시가 되는 경우가 없진 않다. 하지만 그것은 요행이거나 행운이다.

독자들을 무시하고 썼거나, 절대적으로 독자의 품에 안기기 위하여 썼거나, 그냥 쓰고 싶은 대로 썼다고 해도 그것은 시인이 알아서 할 일이지만 누구의 시든 읽었으면 읽은 값이 있어야 한다. 그 보람은 시인의 사명이다.

나름으로는 시의 영역을 넘나들며 해설을 겸한 수필 형식으로 썼지만 시를 발표할 당시에 품었던 비의秘意와 달라 스스로 미로를 헤매는 기분이지만 내심 그런대로 읽을 만하다고 호의적인 반응이 있기를.

15권의 시집을 상재하면서 천 편의 시를 발표하였지만 내 시를 해설한 평론가는 이운룡 박사님이 유일하다. 그런 문단의 자유스러움이 오히려 홀가분하여 과대망상으로 시를 쓰다 보니 평이한 언어유희가 태반이라서 스스로도 실망이다.

하지만 호도 이름 옆에 붙여 써야 남도 알아서 불러주기에 반가운 선물처럼 책을 엮었다.

다만, 따끔한 질책이 보검을 벼리는 길이다.

2013년 여름에

鳥葉 고훈식

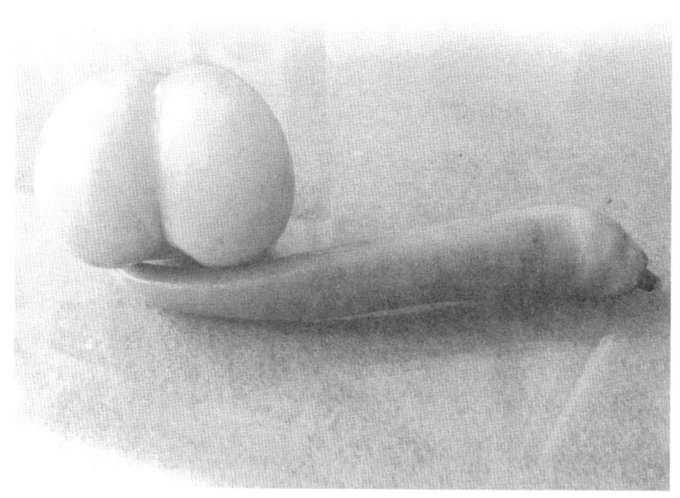

1장

언어감성으로 옮긴 사랑

序詩

내가
어쩔 수 없이 죽어서
가야 하는 저승이라
밝게 빛나던 영혼은
여기 놔두고 간다

버려진 해골도
흔적 없이 풍화될 이승에서
잊혀질 이름은
가지고 간다

광년 끝까지
살고 싶던 나는
이승이나
저승에도 없을 것이다.

詩의 시작을 '내가' 로 시작하는 이유는 모든 인과가 나로 비롯된다는 사실을 강조하기 위함이다. 내가 존재함으로 세상 만물이 존재함을 알고, 내가 있음으로 모든 인연이 닿는다는 사실이다.

어쩔 수 없이 죽어서 가야 하는 저승이라는 대목에서는 죽을 수밖에 없는 운명의 피동체가 자신이라는 사실에 착안하였다. 죽어야만 가는 저승, 영혼도 없고 육체도 없고 이름도 없이 저승에 간다고 하였으니, 아예 존재 자체가 없다고 마음을 비우긴 했으나 사는 동안, 환락의 소용돌이에 휩쓸리거나 투병 중이거나 가난한 마음이 부끄러워도 나를 역동적으로 살게 하였으므로 밝게 빛나던 영혼이다.

여기란 나의 혈연과 더불어 태를 사룬 지상이다.

솔직히 인간적으로 말하자. 세상을 등지고 싶은 인간은 아무도 없다. 지병이나 채무, 수치나 좌절로 스스로 목숨을 해악하는 과정을 겪기도 하지만 뜻밖의 재난으로 인한 사고로 목숨을 바쳐야 한다는 현실이 기가 막혀 서글픔을 감추고 살고 있을 뿐이다. 죽음이 거역할 수 없는 천명과 같다 한들 스스로는 목숨을 잃었으므로 차라리 육신의 흔적인 해골마저 버리겠다는 저항감은 도가 지나친다. 조상의 묘를 이묘하는 과정에서 시신이 한 줌의 흙으로 변한 흔적을 보면서 깨달은 것은 지하에서도 풍화작용이 이루어졌다는 자탄이다.

이름마저도 기껏해야 기일에 신위로 병풍에 붙여질 흔적이라니, 아무리 시를 잘 썼다 한들 세상을 잃어 내가 없는 현세는 무슨 의미가 있겠는가? 차라리 잊히기 전에 가지고 가려는 저항은 운명에 대한 불손이다.

생각해 볼수록 오래전에 죽은 사람들의 이름이 후세에 의하여 거침없이 불려진다. 물론 선인의 넋을 기리기 위함도 있겠지만 현실에선 필요에 의해서다.

불세의 영웅, 구국의 호걸, 절세가인, 섹시미의 아이콘, 천인공노할 악인, 요절한 천재, 박애를 실천한 천사 등으로 이름이 다시 불리지만 유물처럼 마냥 빛이 날 뿐 그 이름의 주인은 산산이 부서진 이슬 한 방울이라니.

얼마나 안쓰러웠으면 죽어서 땅에 묻히거나 화장터에서 한 줌 재로 남아도 물질은 원소로 환원되는 것이기에 형태만 바뀔 뿐, 크게 보면 우주를 구성하는 모든 것은 천만번 변한다 해도 그대로라는 '상주불멸常住不滅' 의미로 존재한다고 조심스럽게 단정하는가.

그러므로 내가 존재했던 공간이나 시간은 나를 영원히 살게 하지만, 속셈은 그때를 회상하면 내가 살았던 사실 그대로 간직하고 있다는 거다. 아울러 내가 없는 광년光年은 내가 없는 시공으로 존재한다는 이론이 성립된다.

나의 이름이나 그 이름으로 불려진 나의 실체는 세상에 하나뿐인 고유명사이다. 기억하길 바라거나 재빠르게 잊히거나 나는 나의 의지이고 타인들의 필요 부분일 뿐이다.

이쯤에서 솔직하게 고백하련다. 광년 끝까지 살고 싶었던 나.

언젠가는 죽는다는 사실이 꿈같아 안타깝지만 기꺼이 받아들여야 한다.

방안에 누우나 땅속에 누우나 비슷한 처지가 도래한다는 현실. 그 현실이 어처구니없으니 이승이나 저승에도 없다고 저항 아닌 저항을 하고 있음이다.

어찌 보면 윤회설輪回說마저 부인하면서까지 생명이나 삶이나 사랑이 시로 남길 만큼 소중하기에 이승이나 저승에도 없을 나일지라도 삶을 완성하고자 하는 의지로 시인의 길을 걷고 있다.

비록 시가 아니더라도 남기는 것이 후세에게 물려줄 수 있는 최선이라면 인과로 스스로를 잃어버렸어도 응보는 값진 생명의 사후死後를 축원한다.

눈물겨운 사랑

사랑은
아리고 싶은 기쁨이기에
견딜 수 없는 아픔으로
혼절하고 마는 사람아

그대를 포옹한 내 표정은
추억의 사람과 같나니
그대 잠시 눈을 감아라

견딜 수 없는 아픔도
견디어야 하는 운명이라면
영영 세상을 등지고 말아

사랑은
사무치고 싶은 휴식이기에
내 생에 신이 되신 사랑아.

나는 사랑의 시작과 과정은 어느 정도는 알고 있다. 그러나 아직 사랑의 끝은 모른다. 아니다 안다. 그러나 더 뜨거운 시를 쓰려면 아직은 잘 모른다고 횡설수설해야 한다.

누구든지 절절한 사연이 있고, 절박한 상황이 있거늘 침묵이 금일 수도 있기에 다정한 나도 말을 더듬고 싶다. 다만 주말 연속극을 즐겨보듯이 즐기고 싶을 뿐이다.

평범한 시인은 싫기에 괴팍할 수 있으면 마음껏 괴팍한 시를 쓰고 싶다. 그래서 시인을 버림받은 존재라고 갈파한 선인의 어록을 존경한다. 왜 하필이면 버림받은 존재인가? 시인은 악마에게 술을 빚어 바치는 노예라고 한다. 의미마다 당의정을 입힌 시인 덕분에 눈물겨운 사연도 그럭저럭 끌어안고 살고 있음이다.

다시 없는 인생이라고 서글픈 세상살이를 아름다운 악몽이라고 탄식해서야 되겠는가. 아무튼 악마가 사람을 괴롭히면 안 되기에 시인은 악마를 달래기 위하여 울음을 웃음으로 노래하는 것이다.

헐벗고 굶주리고 두려움이 클수록 신명나는 내 시의 속성. 남에게 피해를 주지 않는 범위에서 스스로 학대할지라도 언어로는 실컷 폭력을 휘둘러보는 거다. 어떤 형태로든 시는 그림자를 드리우니까.

시인이 아니라면 누가 죄 근처를 서성이며 스스로 피를 말

린단 말인가. 경험이 있어 알았는데 혼절하고 난 뒤 새롭게 들이마시는 공기는 청량음료보다도 더 시원했다. 타인을 바라보는 눈이 이토록 간절하면 얼마나 좋겠는가. 참사랑을 만난 황홀감이라고나 할까.

사랑이란 아프고 싶은 기쁨이다. 괴로움을 주고받는 관계. 이 속성은 무엇일까? 설익은 육체에 대한 학대인가. 환희인가? 미지의 영역을 침범한다는 것은 새로운 세계를 안다는 것이다.

'시는 환희에서 시작하고 지혜로 마감하라.'는 명언이 있다.

여기서 환희란 비극이나 절대고독도 예술로 승화하려는 자존의 표출이다.

사랑이란 환희를 잠시 접어두고 골똘하게 분석해 보면, 상처를 주고받으면서도, 아파하면서도 진화하는 새로움에 대한 또 다른 환희의 여정이다. 그 아픔이 극에 달하여 견딜 수 없을 때 토해내는 뜨거운 고백, 신에게 바치는 그 이상의 무엇이다.

그대를 포옹한 내 표정을 거울에서 본 적이 있는가?

놀랍게도 일상생활을 하고 있는 내 얼굴이 아니다. 오래전에 박제된 얼굴, 그러기에 나는 눈을 감고 그대도 절로 눈이 감기는 거다.

눈물겹도록 아름다운 사연도 미치고 싶도록 찬란한 바다 풍경도 다 놔두고 온 곳도 모르면서 다시 모르는 곳으로 떠나야 할 운명이기에 견딜 수 없는 아픔도 견딜 줄 알아야 한다는 거다.

정말이지 퍽퍽한 인생을 살면서 현실을 초월하고 싶은 사람들의 표정. 어찌 보면 고통뿐인 세상, 고통 없이 살고 싶기에 몸소 고난을 겪고 절망 속으로 돌진하는 가학적인 사랑. 사랑의 우여곡절로 남겨진 벽화. 영영 고인돌 아래 누워야 할 숙명이라면 그대 가슴에 스며든 추억으로 오래 쉬고 싶은 휴식이 사랑인 것을. '사랑은 사무치고 싶은 휴식'이라는 나의 어록은 절망 속에서도 빛나는 또 다른 나의 그대이다. 그대를 신으로 모시겠다는 신념이 사랑의 완성이다.

삶과 사람과 사랑은 같은 맥락이다. 삶이나 사랑이나 사람으로 인하여 내가 달콤하면 행복인 거고, 내가 눈부시면 그것 또한 존재의 보람이다. 타인을 향한 내부의 달콤함과 외부의 찬란함, 그래서 사랑은 지상의 천국이다.

여우의 눈흘김

늑대가 왔다
희미한 달빛 스미는 동굴에
동굴 천장에 종유석 크듯이
들풀이 빈 곳을 점령하듯이
체온이 약한 여우 침실에
털 많은 늑대가 찾아왔다
눈부시게 잠옷 입고
베개 하나 더 놓고
그동안 빈 둥지
외롭고 무서워서
밤 깊도록 켰던 등
이 밤 부끄러워 끄니까
굶주린 늑대가 더듬어 왔다
숨소리 거친 늑대가 힘껏 왔다.

여자가 갈대라면 남자는 늑대라고 킬킬거리며 농담을 하다 보면 갈대 속에 숨어 있는 늑대가 된 듯한 착란을 즐길 수 있다. 색정에 어두운 여우의 눈을 생각해 보자. 역삼각형으로 되어 있어 만약이지만 눈을 흘긴다면 그냥 바라보기만 하여도 에로틱할 것이다.

늑대가 왔다는 말은 늑대가 나타났다는 말과 다르다. 숨겨둔 애인이 집에 왔다는 의미이므로 긴장감이 넘실거린다.

희미한 달빛 스미는 동굴이라는 말은 온천수를 뿜어내지 못한 동굴이라는, 달빛이나 기웃거렸던 외로운 여자라는 의미를 눈가림한 표현이다.

동굴천장에 종류석이 크듯이 젖가슴이 부풀고 젖꼭지가 오디처럼 팽창하면 들풀이 빈 곳을 점령하듯이 거친 호흡이 침실을 가득 채우고도 남을 것이다.

이 부분을 다시 어설프게 강조한다면 천장은 위에 있으니까 남자가 위에서 종유 크듯이 큰다고 시각적인 효과를 노릴 수 있고, 들풀은 여자의 그곳인 '숲 속의 빈 터' 이니까 빈 곳을 점령하는 것이 들풀이다.

체온이 약한 여우라고 했겠다. 혼자 자면 등 비빌 언덕이 없어 열손실이 많아지게 되어 있다.

턱수염이 없어 매끄러운 여자의 입술자위, 깔끄러운 남자의 구레나룻. 전라를 강요하고 맨살을 만져보면 가늘게 떨고 있을 것만 같은 조바심이 일어 털 많은 늑대는 차츰 야성이 창궐하기 시작한다.

입으나마나 서둘러 벗을 잠옷이지만 속이 들여다보이는 잠옷이기에 유별나고, 편리를 추구하느라고 베개 하나 더 놓여 있는 것도 사건의 현장에선 중요한 단서가 된다.

무섭지는 아니하고 다만, 무서울 만큼 외로웠으면 하는 충동이 컸음을 미루어 부인하지는 않으련다.

밤 깊도록 켰던 등, 오늘 밤은 그냥 가지 말라고 속삭이려니까 부끄러운 생각이 들어 야행성 곤충처럼 더듬이로 주변을 살피도록 전등을 껐다는 거다.

굶주린 늑대가 서둘러 온다. 이때 여우가 되고 싶은 상관 매개물은 너무 나대거나 거의 죽은 척해서는 안 된다. 비틀거나 흐느적거리거나 상황에 따라서 적절하게 대응을 해야만 피해의식도 제값을 한다.

숨소리 거친 늑대가 힘껏 왔다는 묘사는 힘껏 왔다가 모질게 갔다는 웅장한 마침표를 찍는 상황종료인 것이다.

이토록 야한 시, 검객이면 모를까 아무나 못 쓴다. 고수는 칼을 휘두를 때도 늑대가 왔다고 단도직입적이다. 털 많은 늑대의 횡포에 여우는 단말마의 비명을 지르려고 첫 행부터 제대로 된 칼부림에 쩔쩔매고 있음이다.

혼자 사는 여인의 침실을 동굴로 설정한 저의, 잠옷을 벗기는 숨소리 거친 늑대, 그 늑대의 열기를 흡수하기 위하여 역사가 이루어지는 야행성 여우의 눈은 자외선 카메라 렌즈 속에서도 푸른빛으로 반딧불처럼 가물거린다.

그러하니, 선비 같은 시인이 되어 달은 구름에 가려진다고 상식선에서 얌전하게만 시상을 구할 것이 아니고, 달이 기웃거리는 동굴에는 샛노란 온천도 솟아난다고도 해야 신이 주신 시의 첫줄을 응용하게 되는 것이다.

찾아왔고 더듬어 왔고 힘껏 왔다고 흐느끼는 동안 시의 이미지는 점층적으로 박진감을 획득한다.

야간열차

입석표를 손에 쥔 낯선 처녀 옆에 앉아서
열차 밖의 어둠 속을 달리고 있다
처녀를 유혹해서
잊지 못할 과거를 남기고 싶은 꿈이
열차 안에 싹트는데
유리창을 휘덮는 눈보라 속을
꿈꾸듯 달리는 처녀의 얼굴
처녀의 입술에 손대면 물방울이 맺힌다
인생은 외길 차표
자리를 양보하련다
처녀는 나를 생각할 것이다
좋은 마음으로 건
더 좋은 마음으로 건

눈 덮인 밀림 속을 멧돼지가 달리고 있다
이마에 돋은 청태青苔에 흰 눈이 덮이면서.

부산에서 서울로 가는 동안 중간에서 타는 승객들은 좌석이 만석이면 입석표로 간다. 앉을 자리가 없다 보니까 좌석 팔걸이에 기대어 서서 가는 것을 보고는 인생이란 간이역을 스치고 떠나는 나그네라는 시상이 떠올랐다.

제목은 〈야간열차〉. 어둠을 뚫고 달리는 야간열차가 주간열차보다 더 힘이 센 것 같은 느낌이 든다. 밤에 잠을 아니 자고 무엇인가 열심히 하는 사람들도 건강하여 힘도 셀 것 같고 그만큼 인생도 열심히 사는 사람들이라는 생각에 눈 내리는 밤에 같은 열차를 탔다는 인연도 대단한 만남이라는 생각이다.

'눈 덮인 밀림 속을 멧돼지가 달리고 있다
이마에 돋은 청태靑苔에 흰 눈이 덮이면서.'

이 연을 구하려고 영화 〈닥터 지바고〉에서 눈 내리는 대평원의 영상을 떠올렸고, '가와바다야스나리'의 소설, 〈雪國〉을 짧은 일어실력으로 더듬거리면서 읽고는 눈 내리는 산야를 넘나드는 여정의 아름다움을 차용했으며, 오래전에 유행했던 팝송, '원 웨이 티켓'이라는 노래도 박자가 기차 엔진처럼 리드미컬하여 시의 속내를 보탰으며 특히 '인생은 외길 차표'라는 구절을 구했다. 하지만 영어실력이 형편없다 보니

팝송은 그냥 듣는다고 리듬 따라 발끝을 까딱였다.

우리는 어디서 왔는지 모르지만 이미 이 세상으로 올 때 한 장의 표를 사용했고 이제 돌아가는 편도 차표만 가지고 있기에 선택의 여지도 없이 어딘가로 돌아가야 하는 허무감이 무척이나 감상적으로 만들었으니 어쩔 수 없는 삶이라는 사색의 낭만에서 마음의 행로는 가물거린다.

눈보라가 차창을 휘덮고 희미해진 실내. 창밖 어둠으로 석면을 입은 유리창은 거울처럼 차내 영상을 비춘다.

옆 좌석 건너 입석표를 쥔 처녀 얼굴이 차창에 비치고, 나는 처녀의 입술에 손을 갖다 댄다. 거기, 실내 온기로 맺혀 있던 수증기가 물방울이 되어 내 손가락으로 흘러내리는 상황 중에 밤이 깊어진다고 상상력을 꾸미고 있으니.

멧돼지도 야성이 강하여 오래 사는 놈일수록 이마에 풀씨가 뿌리내려 푸른 이끼가 돋은 놈도 있다는 착상으로 남자들 역시 야성이 강한 동물 본능이 있음을 슬그머니 드러냈다.

처녀는 피곤할 만큼 서서 왔고 난 충분히 앉아서 왔으니 느긋하게 미소를 던지며 착한 척 자리를 양보하고는 흐뭇해하면 되는 거다. 사실 처녀는 고마운 마음으로 나의 호의를 받아들였다. 나는 씩씩한 남자 그 모습대로 얼짱 각도를 유지하고는 서서 오는 동안 깊은 사색에 취한 표정을 지어보였다.

철부지 젊은 시절엔 영화처럼 옆자리에 앉은 이성이 마음에 들어 말을 건넨 작업이 연인으로 이어진다는 설렘이 없진 않았다.

하지만, 목적지에 닿으면 획 달라지는 친절은 다시 낯이 멀어짐으로 돌아선다. 감성에서 이성으로 전환하는 시점이니까.

아무튼 두 행을 뺀 일연은 전희에 해당한다고 보면 된다. 눈 덮인 밀림을 여자의 질로 상상하면 의미가 더욱 뚜렷해진다. 이토록 에로틱한 사연을 내포했으니 삶이 아름다울수록 예술은 짧고 삶이 아닌 부분이 영원하다는 사실이 안타까울 따름이다.

밤비

비는 빗살무늬를 그리며 내린다
연달아 물결무늬로 축축하게 젖어든다
비는 풀숲을 적시는 행위를 하면서
매끄러운 몸짓으로 뜨겁게 애무한다
누구나 감동의 물결을 만들 수 있다고
나직하고 끈끈한 말투로 속삭인다
비 오는 밤엔 어둠도 비에 젖어
기온이 내려가듯 혈관도 오므라들지
별이 숨 쉬는 밤이 빗물로 흥건해지면
박쥐가 사는 동굴도 질퍽해지지
그토록 꿈길을 걸어온 남자가
빗물로 반들거리는 바위가 되어
묵직하게 꽃잎을 덮어 누르고는
알 수 없는 신음 소리를 토하지
들판에 쏟아지는 비도
꽃망울을 부풀리면서 독백을 하지
남자는 외로워야
강변을 내달리는 야생말이 된다고
그토록 연약한 여자 거칠게 다룰수록
여자도 시달림 끝에 야성을 회복하여
파충류의 푸른 눈알이
빗물에 씻겨 푸르게 빛나듯
축축한 비에 부르튼 속살은
홍수로 떠내려가는 상수리나무.

비가 오면 하늘이 땅을 적신다는 표현을 해 본다. 굵은 비가 땅을 흠씬 적신다고 수식해 본다. 우연히 사무실 책상 서랍을 정리하다가 오래 숨겨두었던 물개 풍선을 발견하고는 무정세월의 흐름을 자탄해 본다. 이제 여인을 바라봄도 형이상학이 되어야 하는가.

사십대 중반에 쓴 시라서 그런지 사뭇 육감적이다.

비는 빗살무늬를 그리며 내린다는 말은 수량이 풍부하면 멋대로 범람할 수가 있다는 여유로움이다. 저속하게 말하자면 별짓을 다 할 수가 있다. 그래서 연달아 물결무늬를 만들고 땅을 충분히 적실 수 있음이다. 풀숲을 적시는 밤비의 행위란 여자의 아랫도리를 인어人魚로 만든다는 엉뚱함이다.

높은 나무에 야생 꿀이 무르녹았으니 절로 흘러내려 혀로 핥아도 달콤하다.

비가 오면 저기압이 되고 저기압이 되면 혈관도 오므라들게 되는데 청춘 시절엔 혈관의 팽창을 적당히 도와줄 저기압이 마냥 마음에 들었다.

오래 즐길 수 있어서 비 오는 밤이 과히 싫지 않았다. 비가 땅을 적시듯 은근하고도 은밀하게 속삭이면 여자도 눈빛이 촉촉해지곤 했으니까.

박쥐가 사는 동굴은 바로 여자의 그곳이다. 박쥐가 사는 동굴이 있기에 안전한 곳에서 생명이 진화하고 있는 거니까.

밤비에 젖은 옷깃을 세우며 찾아온 그 남자. 침실 문 열기를 고대하는 동안 여자는 꿈길을 달려온 야생마를 만나는 심정이다.

빗물로 반들거리는 바위… 쇠를 불에 달구듯 연장은 쓸수록 빛이 난다. 알 수 없는 남자의 신음으로 서서히 꽃망울도 제 흥에 겨워 스스로 꽃잎을 터뜨리는 거다.

들판에 쏟아지는 빗소리를 들어보라. 누구에게인가 할 말이 많아서 푸념하는 소리로 들린다. 그래서 보슬비는 속삭임으로 듣기도 한다.

남자는 외로워야 강변을 내달리는 야생말이 된다는 말은 무슨 의미일까?

환멸을 모르고는 환상도 없다. 땀 흘릴 각오도 없이 어찌 성숙한 여자를 포획하려고 하는가. 힘들게 가꾼 열매가 그만큼 소중함을 알게 하듯 더 이상 다리를 오므릴 수 없어 여자는 총 맞은 것처럼 축 늘어진다. 시도 마찬가지이다. 어렵게 써야 할 것은 쉽게, 쉽게 써야 할 것은 어렵게 쓰는 것이 기교이다.

하늘에 비하면 땅은 연약하다. 하늘은 허공이라 비로 쏟아내거나 바람으로 떠돌면 홀가분하지만 땅은 모든 것을 품어야 하는 숙명이 눈물겹다.

밤바람에 흔들리던 여자가 다정한 남자의 정염을 알게 되면서부터 야성을 회복하고는 비가 올 것 같은 조짐에도 마음이 설렌다.

비가 쏟아지면 너도 젖고 나도 젖는다는 공명. 빗물에 씻겨서 푸르게 빛나는 파충류의 눈알을 본 적이 있는가? 그런 관찰력도 없이 어찌 야한 심중을 다스리겠는가.

시를 쓴다는 것은 저지르는 것. 결과를 과정으로 보는 것. 밤비에 형편없이 부르튼 속살은 산비탈에 서 있어야 할 상수리나무를 계곡으로 쓰러뜨리고 말았다. 사건 발생, 이것이 시의 매력이다.

탐스러운 사과

벌거벗은 사과를 만진다
여름 내내 일그러져 터질 듯
불에 덴 붉은 엉덩이
백치미로 부픈 엉덩이
타인의 엉덩이를
소유한 적이 있는가
입술을 적시는 갈등
새로운 상황을 위하여
사과의 원형을 파괴해야 한다
죄를 짓지 않고는
미지의 영역을 침범할 수 없기에
땀 흘려 사과나무를 키우는 대신
무르익은 사과를 훔치고 말았다
탐스러운 속살을 감춘 사과 곡선이
가증스러운 나를 눈멀게 하였으므로
짐승이 된 나는 나의 죄를 부정한다
죄가 무엇인지 모르는 사과는
여름 내내 풍만한 엉덩이.

사과 껍질은 잠옷, 밀감 껍질은 겨울 외투. 여자들의 히프는 강력하다. 필요 이상으로 속살이 탱탱하다. 상대적으로 허리가 가늘어 보인다.

사과가 붉게 충혈 되어 있다. 땡볕에 그을려 화상을 입었으니 절로 붉어지고 있다. 손수건보다 작은 팬티 자국만 남기고 햇살에 그을린 나체를 보면 검은 것은 더 검게 흰 것은 더 희게 선탠 자국이 더욱 선명해진다.

「백치미로 부픈 엉덩이를 소유한 대표적인 여자로는 '마릴린 먼로'를 들 수 있다. 금발 머리, 풍만한 가슴, 잘록한 허리, 매혹적인 붉은 입술, 반쯤 감은 눈….

미군 병사들을 위한 위문공연을 가서 청바지 차림으로 걸어오다가 지나온 곳을 돌아보면 마릴린 먼로와 눈이 마주친 병사들은 즐거운 비명을 지르며 쓰러지기도 한다.

20세기 최고 '섹스 심벌'이었던 미국 여배우 마릴린 먼로는 세상을 떠난 지 반세기가 지났지만, '백치미인'의 대명사였던 먼로는 여전히 섹시 아이콘으로 남았다.

세기를 뛰어넘어 여성들의 '워너비(wanna be · 닮고자 하는 대상)'였던 먼로의 어린 시절은 시련의 연속이었다.

1926년, 미국 로스앤젤레스에서 아버지가 누군지도 모른 채 태어났다. 어린 시절 이름은 '노마 진'이었다. 우울증 환자였던 어머니를 떠나 고아원과 양부모집에서 생활했다. 16

세에 결혼했지만 4년 만에 헤어졌다.

한 사진작가의 눈에 띄어 모델 생활을 하다가 20세기폭스사와 계약하며 '마릴린 먼로'라는 이름을 얻었다. 몇 편의 영화 단역을 거쳐 '신사는 금발을 좋아해'(1953) 주연을 맡은 뒤 스타덤에 올랐다.

이듬해 미국 프로야구단 뉴욕 양키스의 강타자 조 디마지오와 결혼하며 배우 인생의 절정을 맞았다. 지하철 환풍구 바람에 치마가 날리는 사진으로 유명한 '7년 만의 외출'(1955)이 이때 작품이다.

이후 먼로의 염문은 이어진다. 디마지오와 이혼하고 1956년 극작가 아서 밀러와 세 번째 결혼을 했으나 5년 만에 또다시 파경을 맞았다. 알베르트 아인슈타인, 프랭크 시내트라, 이브 몽탕, 존 F 케네디 형제 등과도 염문을 뿌렸다.

1962년 8월 어느 날, 신문에 충격적인 뉴스가

실렸다. ‘마릴린 먼로, 수면제 먹고 자살.’ 그의 나이 36세 때였다.」

사랑은 아름다운 악연이다. 사랑하는 남녀는 둘만 있으면 충분히 동물 한 쌍으로 퇴화한다.

계곡에서 목욕을 하고 있을 때 상류에서 떠내려 오는 사과를 보고 그냥 지나칠 인물은 드물다. 건져 내고 한 입 깨물어 보는 동안 상대성원리가 발생한다.

붉은 사과는 이미 익은 음식이다. 식욕을 유발한다. 그 기막힌 조건반사의 원인인 줄도 모르는 순진한 사과. 누구의 이성을 마비시키려고 여름 내내 풍만한 엉덩이를 들어내고저 따위로 무르익고 있는 거냐.

내 여자의 엉덩이는 내 것이다. 사과를 반으로 쪼개면 거기 정중앙에 사과 속살과 달리 씨를 간직하고 있는 구조가 보인다. 전화 목소리만 들어도 입에 침이 고이던 시절이 있었던가. 그 속을 본다는 것은 문을 열어야만 내부가 보이듯이 원형을 파괴해야 달짝지근한 신음소리를 획득하게 되는 거다.

이 시를 썼다고 풍기문란 죄로 감옥에 가야한다면 그것은 순전히 탐스러운 사과 때문이기에 나는 억울할 뿐이다.

꽃과 나비

전선에서 후퇴하는 병사들이
피로에 겹치고 허기진 모습으로
형편없이 자란 해바라기 밭을 지나갈 때
그녀는 되도록 짧은 치마를 입고 달려 나갔네
물병만 들고 나가면 되는데 립스틱도 바르고

들판엔 들꽃과 꿀벌
강 속엔 수달 한 쌍
하늘엔 교미 중인 잠자리 한 쌍

책임질 수 없다는 쪽지를 보냈더니
악몽을 꾼 그녀는 무거운 배를 감싸고
아군의 막사로 뒤뚱뒤뚱 찾아왔다
울기만 하고 돌아서길 바라는데
맞으면 몹시 아플 빨래방망이도 들고서

들판엔 바람 따라 흔들리는 억새
추위에 조마조마 떨고 있는 단풍
전선에서도 살아난 나는 나무 뒤에 숨고.

흔히들 '꽃과 나비' 하면 사랑하는 연인 사이로 상상하는데 단순한 생각이다. 꽃은 은행나무처럼 암수가 따로 있는 나무가 아니면 거의 다 청상과부나 다름없다. 꽃을 찾아주는 상대를 벌 나비로 지칭하는데 벌이나 나비에게는 암컷인 여왕벌이 있고 나비에게도 암수가 있어 하늘을 날면서도 교미 중인 상태를 볼 수가 있다. 그러니까 꽃은 밀림 속에 사는 여인 왕국으로 필요하면 남자들을 납치했다가 풀어주는 여성 검투사들인 것이다.

어쨌거나, 이 시는 그동안 전쟁 영화를 많이 본 노하우를 살려서 쓴 시이다. 스토리가 있어 감동이 출렁이는 영화 한 장면처럼 시로 남기고 싶은 욕심에 해학으로 위장한 작품이다.

철로 근처엔 피난민 임시 수용소가 있다. 군용 열차가 군용물자를 실으려고 잠시 서 있을 때, 전선으로 떠나는 군인에게 달려가는 여인들. 차창 밖으로 쪽지를 건네받고는 손키스를 던지며 멀어지는 아쉬움을 시에서는 아예 화끈하게 묘사했다.

꽃이 예쁜 이유는 잘 보이려 함이다. 섹시함도 그리움과 기다림에서 만개한다. 작전상 후퇴하는 도중이지만 마을 저쪽 해바라기 언덕 아래 임시 야전 막사를 친 병사들. 마을에는 비로소 벙글 꽃들이 있다. 긴 머리, 짧은 치마, 립스틱…

거기다가 해바라기는 형편없이 피어 축 늘어진 들판이라니. 조국의 부름에 청춘을 맡긴 젊은 군인과 그 젊음에 반응하고 싶어 가슴이 울렁이는 여심.

2연에서 땅에선 들꽃과 꿀벌, 강에선 수달 한 쌍, 하나로 결합한 채로 하늘을 종횡무진 날아다니는 잠자리 한 쌍을 무심한 척 설정하였으니 분위기는 더욱 에로틱할 것이다.

그런데 문제는 3연으로, 반전을 위한 대목이 확연하다. 새것을 중고품으로 만들어 놓고는 책임질 수 없다는 거다. 이런 우라질 놈이라니. 아무리 전쟁 중이라고 하지만 남자는 남자이고, 책임질 일은 책임을 져야 한다. 그래서 때가 때인지라 설득을 잘하면 울면서 돌아설 것이고, 뻔뻔하다는 판단을 받게 되면 빨래방망이로 얻어터질 것이다. 시 속에 빨래방망이를 차용할 정도면 이 또한 기발함이다.

그러니까 고향이 어디며 집 주소와 연락처는 반드시 알려주어야 한다. 이 전쟁이 끝나면 반드시 다시 만나 평생 같이 살겠다는 다짐으로 애틋한 눈길을 퍼부으면서 말이지. 절망적인 상황에서도 희망은 최고의 아름다움이니까.

어느덧 여름이 가고 작전 지역에 따라 억새나 갈대도 가을바람에 숨어 울고, 단풍도 포탄이 그친 수풀처럼 붉게 타서 처연하다. 하지만 사랑하는 연인이 있으면 단풍도 낙엽도 가을풍경을 수놓는 낭만의 손짓이다.

비록 무성한 해바라기 꽃그늘 아래서 나눈 사랑이지만 그녀에겐 해바라기 씨보다 더 소중한 나의 분신을 키우고 있기에 만나야만 한다는 긴장감을 늦출 수가 없다. 반드시 군복무를 마치고 살아서 돌아가야 하기에. 그래서 그녀가 준 팬티를 철모 깊숙이 감추고 있음이다.

겨울 장미

그리운 그대
숨길 수 없는
은밀한 사연 있기에
그리움을 견디기 위하여
나는 발버둥친다
목이 마르면
그 입술 깨물듯
내 입술 깨물고
그대 생각으로 시달리면
바닷가를 배회하다가
내 심장에 갇힌 그대
그리움이 괴로워서
나를 부르는
간절히 나를 부르는
그대의 비명소리를
눈보라 휘날리는 절벽에서
귀를 막고 기다릴 것이다.

겨울에 핀 장미여! 라며 한탄하는 노래가 있다. 아니, 거짓말처럼 겨울에 핀 장미를 볼 때가 있다. 겨울에 핀 장미라니?

기다림은 간곡한 그리움의 방어기제이다. 또한 그리움은 멀어져가는 기적소리를 기억하는 소망의 산등성이다. 시야도 소리도 멀어질수록 작게, 희미하게 들린다.

그립다는 것은 그리고 싶다는 것, 마음에 새길 그림을 그린다는 것. 원하는 것보다 또렷이 그리려면 반드시 만나야 한다는 것. 만나서 눈여겨보려는 심산이다.

만날 수 없으면 보고 싶음을 달래려고 발버둥치게 된다는 것. 그리워서 발버둥쳐본 적이 있는지? 그나마 몸부림에 비해 발버둥은 아직 견딜 만하다. 발버둥은 울음으로도 달랠 수 없어 나타나는 현상이지만 몸부림은 칼부림과 닮아서 불행을 초래할 위험이 크다.

사랑한다는 것은 실제로 만나는 대상과 마음으로 키우는 소망의 대상이 있음이다. 그 두 개의 귀한 대상은 결핍을 극복하게 함은 물론이고, 삶의 풍요를 꿈꾸게 한다. 그 풍요로움으로 사랑하는 사람들은 눈이 부시도록 아름답고 활기가 넘친다.

하지만 사랑이 깊어지는 과정에서 이별을 예감하거나 실제로 배신을 당하면 실제의 대상과 마음으로 키운 대상과의 괴리로 뜻밖의 지진이 발생하는 처참과 같아 그동안의 신뢰를 박살내는 지경에 이른다.

사랑하는 사람이 있는 입술과 없는 입술은 촉감부터 다르다. 목이 마르기 전에 연인의 입술을 찾아 맞추고 침샘을 자극하기에 건강상으로도 문제가 없지만 냉정하게 오므린 입술마저도 없는 외톨이는 고뇌로 고열을 재우지 못해 부르튼 입술을 스스로 핥아야 한다. 설왕설래舌往舌來, 이제 꿈에서 엿이나 먹어야 하는가? 아니다. 다른 입술을 구하면 된다. 하지만 다른 입술이 내재하고 있는 많은 세균에 옮길 각오를 다져야 하기에 마음 바꾸기가 그만큼 어려운 거다.

실제의 인물이 일상에서 벗어나 왜곡의 길에서 헤매게 되면 마음의 인물은 당혹감을 감출 길이 없다. 사랑은 만남의 연속인데 어찌 그럴 수가 있느냐고 스스로에게 되묻기 때문에 마음의 인물은 누더기 같은 주인을 위로하면서도 자학하는 자신이 미안하여 떠날 채비를 서두르는 수순을 밟을 것이다. 하지만 배신을 때린 실제의 인물과 달리 연인과 한몸으로 살았기에 그냥 떠나지는 않을 것이다.

그렇지만 추억마저도 떠날까 싶어 전전긍긍, 허기진 걸인처럼 걸핍으로 허넉거리는 그는 실제의 인물을 간절히 그리다가 눈보라 휘날리는 절벽에서 최후의 선택을 다짐하는 순간을 선택할 수도 있다. 그래서는 아니된다는, 그래도 살아야 한다는, 마음속에 피맺힌 꽃으로 피어 있는 사랑. 사랑의 실체가 떠났어도, 사랑의 미완성이 쓰라려도 자학해서는 안 된다는, 반드시 돌아오리라는, 돌아올 것을 믿어야 한다는 그런 절규가 차츰 비명으로 들려온다.

이제 어떻게 할 것인가? 심장에 가두었던 그대마저 고이 보내드려야 되는가? 보내야만 하는가? 겨울에 핀 장미는 추위를 견디려는 꽃잎의 두께만큼이나 사연이 있는 거다. 보이고 싶어서, 보고 싶어서 피었으니 이슬 대신 함박눈에 젖을 것을 생각하면 눈보라 풍경 또한 얼마나 가혹한가.

겨울에도 피는 장미가 있기에 그 사정을 짐작하는 사람들은 남달리 그리움으로 외로움을 견디고 있는 사람들이다. 그래서 아픈 사연은 숨기고 아무렇지도 않은 듯이 그리움을 노래하는 것이다. 오죽하면 그런 독백을 하겠는가. 꽃은 시절을 탓하지 않는다고.

붉은 장미 한 송이

홀로 피어도 불타는 장미
오직 붉은 장미 한 송이
꽃병에 꽂혀 있어
더 붉은 장미 한 송이
아직은 사랑받지 못하여
숨은 그림을 찾고 있는 여인의
침실에서도
오로지 붉은 황혼
불 꺼진 창 밖으로
밤바람이 소리 내어 울어도
고독은 장미처럼 붉어
일렁이는 어둠에
고개 숙이고 있어도
꽃은
오직 붉은 장미 한 송이.

오늘 문득, 그대를 만나고 싶다는 생각이 들었소.

가느다란 손이 무척 아름다웠고, 안쓰러웠고 아직까지는 만져주고 싶도록 귀여웠소. 그러나 한편으로는 이 무슨 때늦은 생각이란 말인가.

그 젊은 시절, 그대가 꽃향기 펄펄 휘날리던 눈부시던 시절을 송두리째 흘려보낸 그 세월, 겨울비가 성가시게 내리는 오늘 문득, 그대 큰 눈동자에, 오뚝한 콧날에, 도톰한 입술에, 포근할 것만 같은 스웨터 볼륨에 어쩌려고 내 간곡한 눈길이 오래 멈추는지, 설렘도 돌이 되고 호기심도 뜬구름이 돼버린 저 아득한 세월, 더도 덜도 아닌 지루한 평행선…. 그래서 나는 슬며시 고개를 돌렸소. 습관처럼 마음을 비웠소.

그냥 곁에 있다가, 다만 오래 스치다가 바람으로 흩어질, 참으로 안쓰럽고도 아련한 무의미의 연속일 터. 처음 만날 때부터 정말 미인이었지. 마주 보기가 눈이 부실 정도였으니까. 어떻게 하면 관심을 끌 수 있을까? 꿈 같은 발칙한 상상이었지만 인상 깊게 보이려고 나름대로 노력했는데, 뜻밖에 소탈하고도 소박한 성품도 발견하여 은근히 나는 그대 관심 속으로 스며들어 작은 소망이 이루어질 뻔하였소.

그러나 경국지색傾國之色이었기에 마음의 반은 절대 실망을 주리라는 각오를 단단히 하였소. 그대의 매력에 빠졌다가 상실로 돌아설 때는 그냥 침몰하고 만다는, 그 두려움을 예견

한 건 정말 탁월한 선택이었소.

그런데 왜 그 아름다움이 고혹적인지? 나의 저의와는 전혀 다른지 겨울비 탓인가. 비가 오면 사상이 불순해지는 나이기에 은빛 털을 가진 늑대의 본성이 살아나서인가.

그대의 고혹은 비 탓이거나 겨울 탓도 아닌 고독이 대작대작 달라붙은 그대의 야릇한 미소에서 파생한다. 끝을 염려하여 시작도 못한 졸장부인 내가 이 정도를 깨달을 정도이면 불특정 다수의 사나이 가슴에 불을 지르고도 남았겠지만 그대에게도 자의든 타의든 사랑의 화상이 있었겠지, 그러므로 그대에게는 진정한 남자가 아직 없다는 말이 성립된다. 그래서 상상을 하고 상상을 정립하는 것. 뜻이 있으면 길이 있다고. 하지만 제주도에는 필적할 만한 상대가 없는 것이 정답이고 다만, 나는 가능성일 뿐.

그대가 나에게 당당하고 떳떳한 것처럼 나를 위하여 선의적인 부담을 주었거나 악의적인 짐이 전혀 없는 반대급부와 대등하게 나도 그대를 위하여 절실한 것이 없기에 나를 위하여 절실하기를 바랄 수 없었듯이, 또한 책임질 만한 사건을 전혀 저지르지 않았기에 서로 방관자로서 훌륭한 이웃일 뿐이오.

이웃이라는 관계, 참으로 편안하오. 더불어 평생 편안할 것이오. 이웃이니까, 잘해도 사촌이니까. 적당히 만나고 적당히 인사하고 적당히 덕담하고, 합리적으로 사고하면 되었으니까. 절박할 필요가 없고, 절체절명의 사명도 없는 평면이니까. 이웃처럼 내 욕망을 남의 일처럼 말해서 흘려보내야 했고, 그대의 어려운 고비에도 시침을 때기도 했고, 정작 필요한 시기에는 가장 먼저 객관화되기도 했으니.

'혼자 사는 여자의 힘은 빼기는 데서 충전된다.'는 것이 차원 높은 상식이면서 고상한 지론이오. 그대는 충분히 빼길 수 있도록 경제적으로나, 외모로나, 지성으로도, 주변 상황도 이상적이기에 그대 독신에 찬사를 보내면서 지켜보곤 하오. 제주도에는 남자가 없다는 연막은 사실 새로운 사랑이 두려운 그대의 방패라고 짐작하오.

사족이지만 그대 집에 초대되어 그대가 애써 국수를 끓이는 동안, 식탁에 놓인 장미를 바라보며 이 시상을 떠올렸소. 붉은 장미는 꽃병에 꽂혀 있거나, 노을이 창 밖을 적시거나, 밤바람이 소리 내어 울어도 오직 매혹의 증표일 뿐이라고.

밤꽃

밤꽃 비릿한 냄새
야릇한 남자 냄새
뜨거운 혀가
젖가슴 멍울 풀어
창을 덮는 밤안개
달빛이 빚어내는
이슬방울 방울
등불 밝히고
천을 잘라내어
조각보를 엮는다
한 땀 한 땀
암갈색 이불을 깁는다
추억에 잡초가 무성하여
다시 찾아올 수 없기를
황홀한 남자 몸부림도
무정세월에 스러지길
요염한 밤꽃
바늘로 손등 찔러
조각보에 숨긴 핏방울.

제주도에는 밤꽃이 많이 없다. 사과나무, 감나무, 배나무도 대추나무도 거의 없다. 대신 상록수과인 돈나무, 녹나무, 먼나무를 비롯하여 상수리나무와 담팔수가 소나무와 더불어 제주도를 늘 푸르게 감싼다.

언제인가, 서울 은평구에서 고양으로 가는 길목에 이르렀을 때 역한 냄새가 코를 자극하였다. 차 운전하는 친구에게 물었더니 밤꽃 냄새라고 하며 정액 냄새와 같지 않느냐고 의중을 물어왔다. 서예 대가인 그가 문학적으로도 짜릿한 표현을 했음에 나는 정신이 번쩍 들었다.

고교동창이고 친구로도 절친하기에 허물이 없었으므로 나름대로 대가들이니까 묵직한 농담도 스스럼없이 주고받는 흐뭇함에 문득, 시심이 떠올랐다.

지성이 별로라서 지식은 엉망이지만 감성이 야성적으로 탁월하고 야행성이 강한 나로서는 이 화두話頭를 놓칠 리가 없었다.

냄새도 공기를 탁하게 하므로 안개와 같은 것이다. 사랑에 굶주린 만큼 사랑에 굶주린 남성에게 굶주린 사랑을 채워 주려는 여인이 있었다. 여인의 가슴은 젖가슴이다. 젖도 뿌연 안개와 같은 색, 젖도 밤꽃 냄새와 같이 야릇한 공기. 안개에 가려진 냄새가 달착지근하게 유혹하기에 자궁은 씨앗을 심고 태아는 자라는 거다.

이 여자와는 뜨겁게 만나고 싸늘하게 헤어졌다. 그리고 조용히 다시 만났다. 집을 방문하겠다고 했고 방문을 허락한다고 해서 만난 것이다.

그녀의 안방엔 침대가 없었지만 조각보로 천을 이어 만든 암갈색 이불이 구김살 없이 펼쳐 있었다. 보노라니 슬그머니 밀가루 반죽처럼 일그러뜨리고 싶었다.

밤은 익으면 제풀에 땅으로 떨어진다. 치마를 들어올리는 여자처럼 속을 다 보이며. 오늘밤은 달빛이 안개에 가려져 안개 속에 가로등 불빛이 졸았다. 비록 형광등 앞에서이지만 등불 밝히며 조각보를 깁는다는 생각을 했다. 조선시대의 명기가 오직 나만을 위하여 가야금을 연주하듯, 나 또한 한 여인을 위하여 붓으로 속치마에 시를 새겨주듯 그녀는 내 눈앞에서 방석 하나를 조각보로 만들고는 깔고 앉기를 바랐다. 늠름한 표정으로 앉으니 선비가 따로 없다. 커피를 싫어하는 나를 알기에 미리 준비했었는지 오미자차를 내어왔다. 암갈색에 가까운 핑크빛이었다. 쌉싸래하고 달콤한 맛이 신경을 건드렸다. 내 웅장한 침묵이 부담스러웠던지 그녀가 살짝 웃으며 말을 건넨다.

"추억도 관리를 안 허민 잡초가 무성헌댄 마씸."

순간, 나는 침을 꿀꺽 삼켰다. '뭐, 추억에 잡초가 무성하다고?' 추억이라는 무형의 물체에 잡초라는 유형의 관념이 갑자기 뒤엉키는 거였다.

그러면서 한편으로는 밤꽃 냄새를 토하고 싶었다. 그러나 참았다. 왜냐고? 그래서는 안 되니까. 또 한편으로는 대한민국에서 안 되는 것이 없다고 행동하고 싶었지만 그래도 참았다. 세월이 흐르면 정든 내 고향도 스치고 마는 간이역이 되듯 막강한 나의 야성도 마른 풀처럼 허물어지리라. 그렇게 세월을 죽이느라고 멀쩡한 천을 토막내어 미로를 헤매도록 형형색색으로 눈을 어지럽히고 구구절절 실로 엮느라고 미련을 기웠던가. 시중에서 살 수 있는 평범한 조각보가 아닌 명품이기에 그 값에 맞는 사연이나 비밀이 숨겨져 있다.

밤은 깊어간다. 이제 어떤 상황이 전개될 것인가.

다시 만날 수 있을 만큼 얼음이 녹았으니 강물이 풀리고 물안개가 자욱할 것인가? 아니었다. 다시 찬 서리가 그녀의 표정에 돋는 것이 보였다.

바늘에 찔린 손등을 정답게 보여주고 나서였다. 내가 암만 바느질을 모른다 하더라도 손가락을 찔리는 건 이해하겠는데 하필이면 손등을 찔렸을까.

서로의 마음을 침묵은 안다. 목소리의 높낮이로도 보인다.

원하지 않으면 동하지 않는다는 나의 의지가 초라하게 눈을 뜬다.

"잘 살라."

최전선으로 떠나는 특수부대 장교처럼 무겁게 입을 열고는 그녀의 거실에서 일어섰다. 다시는 만날 수 없도록 나보다도 더 계획을 수립한 그녀는 예의상 문 밖까지 따라 나왔다.

이미 가로등도 잠들어 있었다. 가볍지만 무겁게 포옹을 할까 말까, 생각은 넘쳤지만 그냥 돌아섰다. 홀로 걷는 밤길엔 밤꽃 냄새는 없고 바닷바람이 무척 차가웠다.

꽃샘추위

호박 넣고 끓인 갈칫국 먹고
푹 자고 일어나서 창문을 열면
뒤뜰 너머 파도 소리가 들려온다
그미가 눈웃음치면 보조개가 생긴다
초저녁에 온돌 아궁이 불 지피면서
혼자 잠자기가 뭣하지 않으냐며 깔깔거린다
군복무 마치고 돌아온 고향이라
다시 배를 타면 저 바다 누비게 되리라고
어둠 속에서 빛나는 별을 건지고 있을 때
나직이 이름 부르는 소리에
백사장에서 모시조개를 줍던
그미의 얼굴이 창문에 다가선다
뜰 안에는
꽃샘추위에 빰 붉은 바람이 흐느끼고 있다.

지금은 새벽 3시경, 잠 못 드는 사람들은 저마다 무슨 일을 벌이고 있는지 궁금하다. 나는 애절한 노래를 반복해서 들으면서 시가 있는 수필 풍경을 그리고 있다.

이스라엘 출신 가수, 'ilana Avital(일라나 아비탈)'이 1959년에 '자크 브렐'이 작사, 작곡한 곡을 눈물겹게 듣고 있다.

'떠나지 말아요. 잊어버려야만 해요. 이미 달아나버린 모든 것들을'로 시작하는 애절한 내용을 담은 샹송이다.

꽃샘추위는 꽃이 피는 것을 시샘하는 추위라는 말이라니, 참으로 에로틱하면서도 무척 시적이라는 상상이 꽂힌다.

사랑은 환상에서 시작하고 환멸로 끝나는가?

설정이지만 나는 하사관으로 군복무를 마쳤다. 바다가 보이는 시골집으로 낙향하여 시인이 되려고 품었던 소망을 실현하려고 군에서 모은 약간의 돈으로 그해 겨울을 유명 시인들의 시집을 독파하는 것으로 빈둥거렸다.

하숙집 처녀가 이상하게 나타난 나에게 관심을 보이기 시작했다. 내가 휴가 왔을 때는 여고생이었던 그녀가 어느덧 숙녀로 변신하였으니 새삼스러웠지만 싫지는 않았는데 오빠라고 부르며 친근하게 다가온다. 어떻게 해 주길 바라는 거겠지. 이참에 눈높이를 맞추고 결혼해 버릴까.

호박은 여성을 의미하고 갈치는 남성을 의미한다. 창문은 여성을 의미하고 파도는 남성을 의미한다. 20대 후반의 남성이 호박 넣고 끓인 갈칫국 실컷 먹고 푹 자고 일어났다면 얼마나 기운이 충천하겠는가.

'그미'라는 지칭은 '그녀'를 대신해서 차용한 지시대명사이다. 소설에서 사용하는 '그녀'를 그녀는 이라고 주격으로 쓰다 보면 어느새 '그년은'이 되기에 발의한 선배 작가들의 흉내를 내어 그미라고 해보았다.

여자의 눈웃음, 입술에 보조개가 패일 만큼 탄력이 넘치는 근육피부라면 더 이상은 언급을 회피해야겠지. 아궁이는 여성, 불은 남성을 의미한다. 거기다가 혼자 잠자면서 무엇하고 싶지 않으냐고 묻고는 깔깔거린다는 것은 아무리 가상이라지만 너무했다.

평생 어부로 살아오신 아버지 대신 작은 발동선을 타고 저 바다를 일터로 삼아야 한다는 소망을 읊조린다는 행간을 더듬고 있다. 물론 바다는 여성을 의미하며, 달리는 배는 남성을 의미한다. 또한 어둠은 대표적인 음으로 여성을 의미하며 별은 대단한 남성을 의미한다. 여자가 하늘을 봐야 별을 딴다는 말도 그래서 생겨났다.

이 정도까지 은밀하게 왔으니 거듭 저질러야 한다. 모시조개는 특정한 여성을 의미하며 닫힌 창문은 처녀성을 의미한다.

뜰 안에 뺨 붉은 바람이 흐느끼고 있다는 클라이맥스, 뜰 안을 여자의 어느 부분이라고 해야 하나 말아야 하나, 즐거운 고민인데 멋모르고 나왔던 개구리가 뜻밖의 추위에 화들짝 놀라 돌담 깊숙한 곳으로 기어들어가는 사이, 뺨 붉은 바람에 벚꽃 몇 잎은 화르르 화르르.

듣고 있는 샹송 〈If You Go Away〉의 가사 중에는, '사람들은 눈여겨보았대요. 너무나 오래된 것이라고 생각했던 옛 화산에서 불이 솟구쳐오르는 것을 우린 자주 경험했어요. 그건 찬란한 4월보다 더 많은 밀이삭을 제공하면서 불타버린 대지처럼 보여요. 그리고 저녁이 되면 하늘이 활활 타오르기 위해 붉은빛과 검정빛이 결혼하는 것은 아닐까. 떠나지

말아요, 떠나지 말아요.'

하반부인 이 대목도 슬픔을 쥐어짜듯 흐느끼고 있어 너무 애절하다.

여기서도 옛 화산 또한 떠나버린 여성을 의미하며 용암으로 굳은 바위는 추억으로 남겨진 남성을 의미한다.

아무리 생각을 떨치려고 해도 뺨 붉은 바람에 흐느끼는 꽃샘추위는 멋지다.

2장

언어미학으로 그린 영상

기다림

타인의 방을 엿보는 그림자는
어둠에 썩고 있는 무정란

뇌세포에 불 밝히고
부재不在를 들여다보면
불가살이不可殺伊 어금니에 씹힌
청동거울 내장에도 피가 고인다

진공眞空 속으로 목이 타는 기다림은
허공에서 이슬이 구르는 시각時刻
쇠사슬에 묶인 맨발은
절망의 흔적이다

사막 저 멀리
강이 흐르니
벌거벗은 바람이 맴돌 때까지
허무한 것을 기다리고 있다.

그 찻집에 들어설 때 내 가슴은 울렁거렸다.

기다림은 보고픔을 실행하는 행동이다. 커피 한 잔을 시켜 놓고 그대 오기를 기다릴 때부터 기다리는 사람은 못 견딜 만큼 보고픔을 달래며 타인의 심중을 헤아리는 간곡한 그림자가 되고 만다. 기다림이 만남으로 이루어지기 전까지는 나의 존재는 없다. 그래서 그림자에 불과하다. 기다림의 실체가 없으면 사라지는, 오기 전까지는 캄캄한 가시철조망 아래를 기어가는 동안 살갗이 찢겨지는 고통으로 기나긴 어둠을 견디어야 한다. 꼭 오지 않을 것만 같은 불길한 예감, 찻집의 고독을 씹을수록 낭만은 쓰다. 무정란을 낳은 학처럼 미혹하게 강변을 두리번거릴 뿐이다.

찻집 아가씨의 눈총을 받으면서 엽차 한 잔을 더 시키고 아전인수 격으로 추정한다. 오리라는, 기어이 와서 눈부신 미소를 던지리라는 기대감으로 기다림이 점점 길어질수록 본성을 잃은 미련은 쇠붙이를 먹을수록 커지는 불가살이不可殺伊, 죽지 않는다는 괴물로 변해버리고 만다.

조선시대의 이 괴물은 다만 불로 죽일 수 있어 부모를 인질로 잡고 유인을 하여 고열로 녹여 죽였다고는 하나 사천왕의 하나인 소의 형상으로 살아남는다는 속설까지 동원할 만큼 기다림은 절박하고 긴박하다.

식은 엽차도 심중이 불편하면 쓰디쓴 독약과 닮아 내장이

썩는 느낌, 기다려 보면 안다. 미움이 가중되면 미세한 먼지도 눈에 찔린 가시처럼 아프고 허공에 매달린 이슬도 볼 수가 있는 것이다. 다시 말하자면, 제정신이 아니다.

오지 않는다고 문을 박차고 그냥 돌아갈 수도 없는 노릇이다. 큰 죄를 지어 쇠사슬에 발목이 묶인 맨발의 죄수 같은 신세이기에 구원의 손길을 받고 절망의 순간을 모면하고 싶을 따름이다.

결국 기다리는 물건은 영영 오지 않았다. 물론 내가 기다린 것은 거룩하기까지 한 귀한 사람이었지만 약속을 어겼으니 하찮은 물건으로 취급함으로써 자학을 달랠 수 있고, 기다리는 동안의 목마름을 보상받을 수 있기에 마지못해 취한 대처방안이다. 숨겨야만 하는 지병이 있거나, 빚이 많거나, 다른 남자가 있기에 미안해서 못 오는 거라는, 그렇게까지 그 물건은 비겁한 사연이 있으리라고 단정까지 하게 되는 거다.

그래, 없었던 일로 생각하자. 원점으로 돌아가면 출발점 아니던가. 이제 그리움과 기다림은 강 건너 달빛이 되었으니 사막 어딘가에 강이 흐르는 오아시스가 있다한들 그게 무슨 소용이란 말인가. 다시금 기다림을 혹사해서는 안 된다. 아무런 소용이 없나고 평이하게 중얼거려야 한다.

그래도 한때는 애가 타도록 만나고 싶어했으니 혹여 우연히 건널목에서 만나진다면?

온통 속을 드러 낸 바람, 이제 와서 애절함도 아쉬움도 단풍처럼 물들어 종국에는 낙엽으로 삭고 부토가 되고 말 것을.

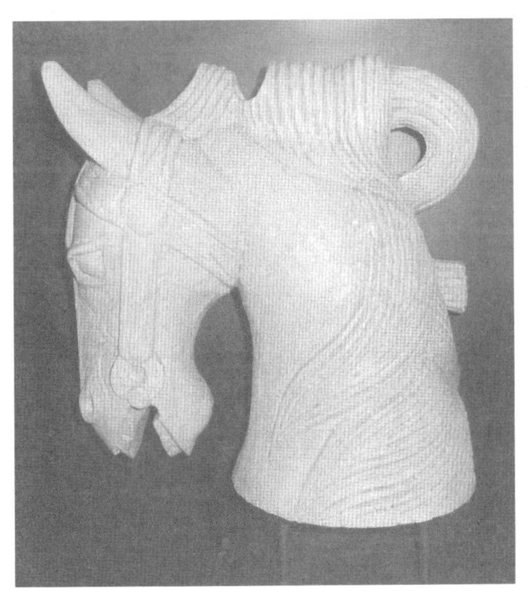

그리운 水菊

마당에 들어섰지만
……
아무도 없어 돌아서는데
장독대 옆에 水菊이
보랏빛 얼굴로 환히 웃는다
그 사람 아니라고
고개 돌렸다가
다시 바라보니
쓸쓸하고 우아한 水菊

노을 속에
풀벌레 울어
땅거미는 기어오는데.

금년은 늦더위가 기승을 부리는 바람에 전력 공급에 애를 먹어 진땀을 흘린 무더운 여름으로 기억될 것이다.

수국은 물이 많은 국화란 뜻이 담겨 있다. 동백은 겨울에 피는 장미라는 엉뚱한 생각이 날 만큼 금년 여름은 너무 더워서 한라산 들판에 수국이 많이 피었다. 수국은 풍성하다. 다양하다. 변하는 모양이 카멜레온 닮았다.

실제로는 꽃이 작으니 잎이 꽃잎같이 변장하고는 꽃잎 사이에 끼어서 수국을 푸른색인지 연두색인지 잘 모르게 변질시켰기에 풍성함이 꼭 결혼식장의 부케 닮았다. 변덕으로 죽을 끓이는 여자와 닮았지만 나름 매력이 있다.

나는 금년 여름에 수국처럼 아름다운 여인을 잃기도 했고 새롭게 만났으니 여느 가을을 맞이하는 마음처럼 햇볕은 아직 뜨겁고 바람은 차가워서 결실과 상실을 함께 맛보는 어정쩡한 기분이라고나 할까.

이별을 예감하는 수국은 제주도 변덕쟁이라서 전화 한 통도 마음을 저울질하는 깍쟁이다. 그러니 수국에 대한 시 역시 그 모양이다.

수국처럼 화려하면서도 촌티가 오히려 매력인 새로운 여자를 만나기 위하여 산간마을 그녀 집으로 찾아갔지만 염려 그대로 부재중. 왜 부재중인가? 방문 약속을 못했기 때문이다. 그녀가 방문을 허락하지 않음을 눈치 챘어야 한다. 그래도 만나고 싶으니까 길 잃은 망아지처럼 찾아왔다고 보아야겠지. 이 시에서 중요한 대목은 '보랏빛 얼굴로 환히 웃는'에 있다. 꽃을 사람으로 의인화擬人化했다는 데 주목하길. 사물을 사람으로 본다는 것은 그 사물에도 감정을 부여할 수 있는 능력이 있다는 뜻이다.

'달아, 높이 떠서 우리 임 가는 밤길을 환히 밝혀다오.'와 같은 맥락이다.

말없음표로 한 행을 장식하였지만 그 짧은 행간을 통하여 마당을 기웃거리는 필자의 모습이 눈에 보이는지?

수국이 보랏빛 얼굴로 밝게 웃는 모습에 잠시 그 여자인 줄로 착각했다가 정신 차리고는 냉정하게 고개 돌렸다가 미안한 생각이 들어 다시 돌아보았으니 비록 수국이지만 어찌 섭섭하지 않았겠나. 만나고 싶은 사람 못 만난 서글픔으로 엉뚱한 실수까지 했으니.

뉘엿뉘엿 저무는 노을 속에 풀벌레가 구슬피 우는데 어두워지는 들판에서 검은 거미 떼가 산 그림자를 갉아먹는 풍경을 지켜보았다.

사실대로 말하자면 수국이 피어 있는 이곳은 산굼부리 억새가 장관인 교래리 어느 민속찻집이다. 우울한 일이 있어 혼자 먼 길을 거닐 생각을 했기에 마음이 초조하고 뿌듯하고, 두렵기도 해서 시적인 심리상태가 교묘해졌고, 그 교묘함 속에 오묘함이 숨겨 있다는 사실을 터득하고 있음을 실토하련다.

황홀한 상상이 죄를 짓고 있다고 깊이 뉘우칠 때 시인은 시로 마음을 씻으면서 깨닫는 법.

이제 매듭을 지어야겠지. 집으로 돌아온 여자는 나의 방문에 저 수국처럼 풍만한 웃음으로 반겨줄까?

하지만 여름밤 하늘에 뜬 별을 바라보며 시심을 더듬거리다가 그냥 떠날 작정이기에 사람이 아닌 수국마저도 버림받은 설움으로 가을이 오기 전에 형편없이 시들고 말겠지.

아무튼 들판에 들꽃이 많다는 착상으로 상황을 전개하였음을 감안하고 감상하시기 바라며 이만 총총.

달

달은 새하얀 어둠
노처녀의 맨발
아랫도리만 가린 대낮의 후처

달은 숨쉬는 새알
목욕하는 백조
강물 속에 잠긴 은장도銀粧刀

달은 빈집
금이 간 좌경座鏡
밤바람에 부서지는 해골

달은 신의 별장
어둠의 목격자
대법원 판사.

이 시는 이미지 덩어리이다. 달은 발광체가 아니고 반사체라서 달빛은 차갑거나 뜨겁지 않다. 단지 서늘하게 느껴지는 것은 밤에 태양의 열이 그만큼 내려갔기 때문이고 체온의 상승 때문이다. 또한 달은 여성적이고, 태양보다 시적이다. 특히 모든 생명체의 보금자리인 바다의 생동과 달은 불가분의 관계에 있다.

거기다가 여성의 생리 현상과 비슷한 달의 변화, 밀물과 썰물, 달거리는 새로운 공간을 위한 자연적인 순환이다. 그러므로 달의 지극한 사모의 정인 인력引力이 없으면 밀물과 썰물의 순환은커녕 바닷물은 우주를 방황하다가 지구에 퍼붓는 물보라가 되고 말 것이다.

잘 쓴 시는 아니지만 각 행마다 눈으로 볼 수 있게 이미지를 담았다. 짙은 어둠일수록 빛은 밝기에 달은 새하얀 어둠이고, 별을 엿보고 싶은 밤마다 남몰래 한숨으로 지세우는 노처녀의 맨발도 달빛 같을 것이고, 낮에도 분명히 떠 있지만 햇빛으로 가려 있어 달을 배후에 숨어 있는 후처로 상상했다.

밤마다 조금씩 부화하는 모습에서 숨쉬는 새알이라고 살아 있음을 의미하여 달이 뜬 백조의 호수를 연상하였고, 구름에 가려진 은은한 모양에서 강에 잠긴 은장도의 물무늬로 이끌었다.

아무도 살지 않아 빈집이고, 세월에 묻혀버린 옛 여인이 화장할 때 썼던 서랍 거울이고, 그믐달로 부서지는 모양에서 이지러진 부분이 금이 간 거울로, 윤회로 뜯기고 하얗게 바래는 안쓰러움을 절대고독인 해골로 보았다.

생명은 잠시 머물기에 이승은 간이역, 우리들의 종착역은 무한대로 펼쳐진 미지의 우주 공간인 저승일 것이다.

신은 저승으로 돌아온 존재들을 맞이하는 별장으로 쓰려고 달을 창조하였는가. 시위가 캄캄하다고 악행을 저지르는 인간들이 너무 많아서 성능 좋은 망원경처럼 현장을 목격하고 있다고 생각했으며, 결국 온난화로 지구가 멸망하면 서둘러 망명처로 떠나야 하는 후손들을 위한 새로운 공간으로 달을 귀히 그려내고자 고심하였다. 지구를 잃어버린 우리들의 죄를 기억하는 판결문을 달에 새기고 싶은 경고를 시로나마 표출하여 보았다.

미라의 탄생

가파른 절벽에 핀 꽃
올라가지 못하여
눈앞에서 시드는 아픔

고독을 넘나드는 왕비의 비음
비음의 유혹에 눈이 멀어
쇠사슬에 묶인 나를 바라보던
왕비의 냉랭한 미소는
노란 꽃가루를 발끝에 묻힌 채
보석 호박에 갇힌 꿀벌의 침묵

왕권을 찬탈하자는
묵계가 있었다는 말을 삼키고
도열한 북소리에 비틀거리며
사형장으로 끌려갔다

왕비 금관을 쓴 천 년의 미라
먼지 낀 해골을 들여다보며
달콤한 상상을 펼치는 동안
단두대가 놓여 있던 절벽 너머로
청둥오리 떼가 날아가고 있었다.

하도 오래되어 소설 제목을 잊어버렸지만 뇌리에 새겨진 내용은 그렇다.

왕비와 친위대장이 은밀하게 불륜을 저지르게 된다. 내친 김에 왕위 찬탈을 위하여 거사를 일으킨다. 야전사령관과 묵계가 있음은 물론이다. 왕비가 왕을 침실에서 맞이하여 홀라당 벗고 비틀고 있는 동안 매수한 친위대가 성문을 열기로 되어 있다.

그러나 성문을 열고 공격해온 야전사령관은 친위대장을 포박한다. 더하여 왕은 사형을 명령한다. 왕비는 더 고혹한 표정으로, 대략 난감한 표정은 절대 숨기고 왕 옆에 앉아서 눈이 부시게 빛나는 다이아 반지에 눈길을 주고 있다. 왕비의 배신, 신랄한 표현으로는 암컷의 배신이다.

드디어 손이 묶인 채 쇠뭉치 쇠사슬을 끌며 단두대가 있는 언덕으로 오르고 있다. 양쪽으로 도열한 군악대 병사들이 들려주는 북소리에 맞추어 힘겹게 걸어갈 때, 성벽 모서리에 숨어서 내려다보는 왕비의 눈길. 때마침 청둥오리 떼가 소란스럽게 날아간다.

어찌하여 이 지경이 되었는가? 내용은 참혹해도 읽는 재미가 쏠쏠하다. 불륜은 괘도 이탈이고 비정상 체위이고 비대칭 파격 미학이다. 따서는 안 되는 꽃을 땄기에 벌어지는 전모. 안 되는 것을 되게 하였기에 전율이 어마어마하다.

우연한 기회에 천연호박을 본 적이 있다. 대략 3천만 년에서 5천만 년 전인 신생대 제3기에 유럽대륙의 울창한 산림지대에는 송백과식물松柏科植物인 호박산나무, 녹나무, 월계수, 떡갈나무, 주목 등이 울창하게 자라고 있었다. 그런 나무에서 배어나온 수지樹脂가 화산활동으로 땅속에 묻히고 열과 압력의 영향으로 화석이 되었는데 이는 성질로 보아서는 광물성이라기보다는 식물성인데 일반적으로 다른 내포물이 많으면 가치가 떨어지지만 호박은 거미, 개미, 벌, 갑충 등의 곤충류와 조류의 날개, 식물의 잎이나 씨앗이 들어 있는 것이 오히려 가치가 높아 다이아몬드와 비견할 만하다는 사전풀이가 흥미롭다. 하지만 호박 보석 속에 들어 있는 저 꿀벌은 도대체 언제 썩을 것인가가 더 궁금하다.

이 상황에 왕비 금관을 쓴 미라를 본 상상을 가미해 보면 시의 구성이 한층 맛깔스러워진다.

젊은 친위대장의 근육질 몸매, 화끈한 체력, 그윽한 눈길, 요염한 혀…. 이용당하고 버림받고는 기꺼이 묵계를 침묵으로 삼키고 떠난 비극의 화신. 그 헌신적인 사랑을 두개골에 숨겨두려고 미라는 왕비 금관을 쓴 채 천 년이나 구천을 떠돌고 있는가.

이쯤에서 인간적으로 말하겠다. 아무리 불륜을 저지르게 될지라도 목숨을 걸면 어리석다는 것을. 왜냐하면 죽어서도 죽지 않으려고 석화로, 박제로 살고 있는 영혼들이 얼마나 많은 세상인가 말이다.

그래서 같은 돌이지만 보석이 따로 있고, 같은 생명이지만 내 목숨이 가장 귀하고, 남들이 보기에 형편없어도 내 여자가 가장 아름답기에 이 시 또한 은밀함이 유별나다.

풀꽃 그림자

깊은 산골
바위 사이 바위
굽이치는 물

들풀이 하염없이
꽃을 피워
향기로운 구름

풀잎 안개 속에
나란히 겹쳐서
교미하는 메뚜기 한 쌍

깊은 산골
굽이치는 물에
부서지는 풀꽃 그림자.

작년에 한라산 중간 지점까지 등반했다. 제주시에서 출발하여 바위가 기묘하게 솟아 있는 영실을 지나 윗세오름에 올랐다. 등산객을 위한 쉼터가 있는 윗세오름 중간 지점으로 반나절 등산코스인데 여기서 한라산 정상에 있는 백록담까지 오를 것인지, 쉬었다가 하산할 것인지를 정하게 된다.

한라산 명칭이 한자로 손을 내밀면 별을 만질 수 있는 높은 곳이라는 뜻이다. 오를수록 바람에 흩어진 구름이 폭신한 솜처럼 보여 마시는 공기 또한 청량음료처럼 시원하다.

한라산 등반로를 따라가다가 물을 마시려고 계곡이 있는 곳으로 간 적이 있다.

산을 타고 흐르는 물이거나 계곡 틈으로 스며드는 물이거나 다 약수이다.

한라산에서 땀을 씻고 마시는 물, 그 청량감은 시심을 일으키기에 충분하다.

깊은 산골 바위 사이로 다시 바위가 놓여져 있고 그 바위 틈으로 흘러내리는 물은 흰 피를 쏟아내는 산신령의 너털웃음이라는 묘한 감정에 사로잡혔다.

주제는 무념무상으로 정했다.

계곡 주변에 무성한 들풀을 보았더니 누가 반기는지 꽃이 소담스럽게 피어 있다.

들풀이 하염없이 꽃을 피우니 구름에도 꽃향기가 닿아 있다는 착상이 기발하다. 맑고 깨끗한 풍경이기에 더 이상 말이 필요 없음에도 시작詩作 후일담을 적어야 하니 여흥을 떨어뜨리는 느낌이다.

산기슭에 무수히 피어 있는 들꽃, 허공에 발자국을 남기지 않는 들새 대신 멋대로 그려낸 구름들, 뜻밖에도 물안개를 피워 올린 물가 풀잎엔 메뚜기 한 쌍이 교미하는 자세로 나란히 겹쳐서 눈망울을 흘기고 있다.

문득, 그토록 유명한 '바쇼'의 하이쿠 '오래된 연못 개구리 풍덩'이 떠올랐다.

음침하고 눅눅한 연못이라 과히 마음에 들지 않다고 생각하는데, 개구리 한 마리가 몸을 날려서 연못으로 뛰어드는 순간, 만물이 다시 소생하는 깨달음을 구하는 것. 이것이 바로 시의 단말마, '할'인 것을.

그래서 마지막 연엔 굽이치는 물에 부서지는 풀꽃 그림자로 마감을 했다.

물이 굽이침은 지상의 최고의 곡선이기도 하다는 자연의 경이로움과 계곡 전경이 저마다 독특한 계절로 이어지는 순환을 그려내고자 했다.

지금은 가을이지만 차츰 한라산 중턱 윗세오름 계곡엔 새벽마다 서리가 내릴 것이고 물은 낙엽을 품고 굽이치면서 새봄을 기다리고 있을 것이다.

누구랑 말다툼하고서 상처를 핥을 때, 먼저 사과하기 뭣하면 이 시를 가만히 읽어보라. 이런 시는 액자로 걸어놓고 읊조리면 힐링이 절로 된다. 고요함을 찾는 길이란 깊은 산골 굽이치는 물에 일렁이는 내 모습이 있으니.

표범의 달밤

어둠은 오염된 안개처럼 고여
웅크린 표범이
사슴 한 마리를 먹는다

구름에 가려진 달이
벌거벗는 동안
형체가 찢겨진 사슴 몸속으로
표범이 머리를 집어넣고 내장을 씹는다

다른 동물의 피로 끈적끈적한 자기 얼굴을
깔끄러운 혀로 핥고
또 머리를 집어넣은 표범이
꽃잎 같은 내장을 씹어 먹고 있다

달빛 받으며
연한 고기 실컷 먹은 표범이
황홀했던 순간을 보여주려고
코가 일그러지도록 화끈한 하품,

바람결에 피 냄새가 비릿하다.

식욕과 성욕은 같다고 한다. 아무튼 식욕과 성욕은 생명을 유지하는 데 상당히 중요하다. 허나 나이가 들고 보니 목숨이 우선이기에 성욕의 만찬은 생략해도 살 수 있지만 식욕은 변함없어야 산다는 웅변은 식상한 상식이다.

허나 성욕이 없는 삶이란 얼마나 허망한가.

다만 나도 젊음이라는 신기루에선 식탐이 넘쳤고, 그로 인한 의욕도 넘쳤다는 사실로 고개 숙인 세월을 위로해 주기에 때때로 추억을 다독이며 그럭저럭 살고 있다.

밤이 되면 어둠이라는 안개는 까맣게 오염된 공기로 보인다. 역사는 밤에 이루어진다고 했던가? 욕망에 불타는 맹수의 눈으로 시를 쓰느라고 성에 굶주린 표범이 사슴 한 마리를 먹는다고 표현하고 말았다.

이럴 때 사슴은 반항으로 발버둥치면 힘겹고, 죽은 척 축 늘어져도 재미가 없다. 반만 죽은 척 호응해줘야 한다.

맞는 심리상태인지는 모르겠지만 여자는 죄의식이 크기에 숨겨져야 마음이 놓인다. 남자는 행위에 대한 자신감을 표출하려는 심리가 크기에 주변이 밝아야 의욕이 팽창한다는 상반된 입장이기에 구름에 가려진 달이 벌거벗는 동안이라는 설정은 양쪽 다 만족하게 하는 무대배경이다. 더하여 적나라한 묘사를 획득하기 위하여 형체가 찢겨진 원형이 어떻게 되어야 한다는 상황까지 연출하였다.

다른 동물의 애액愛液으로 끈적거리는 자신의 얼굴을 깔끄러운 혀로 핥는다는 표현은 고양이과 맹수의 혀에는 구둣 솔 같은 털이 돋아 있어서 살점을 말아 뜯기에 적절하다고 한다.

여기서 재범을 의미하는 '또'와 '꽃잎같이 연한 내장'은 성관계의 가파른 상승세를 암시하고 있다.

드디어 달빛 받으며 연한 고기를 실컷 먹은 표범이 코가 일그러지도록 화끈하게 하품한다는 표현은 인격을 의심받아도 좋을 최절정인 것이다. 남자가 절정에 이르렀을 때의 표정은 세상 떠날 때와 같은 표정이라니까 하는 말이다.

바람결에 피 냄새가 비릿하다고 연 하나를 추가한 것은 그 사이에 몸을 행구고 다시 팔베개를 하고 나란히 누웠어도 방 안에 떠도는 야릇한 냄새가 그렇게 달콤하였음을 상기해 주며 달착지근한 여운을 남기려는 치밀함의 발로인 것이다.

이 시도 사실은 동물의 먹이사슬로 인한 비극을 묘사하였다고 시의 내막을 감출 수도 있었고 더 기가 막히도록 성애를 묘사할 수도 있었지만 영탄시와 영상시의 갈래에서 정신적으로는 '읊는다'를, 육감적으로는 '핥는다'라는 단어를 차용할 수 있을 때 언어 활용이 장인에 이른다고 말끝을 접는다.

물방울을 노래함

비 내리면
강은 북소리를 낸다
빗줄기는 물방울의 탑
강 표면은 빗방울이 흩어진 광장
교미를 끝낸 물방개의 발 떨림이
물무늬를 만들고
물무늬에 얼룩진 어둠이 밀려올 때
빗방울은
옥玉을 잃어버린 여인처럼 허물어져
파란 개구리처럼 팔딱이는 별무늬
유충들이 힘차게 헤엄치는 강
별이 젖는 밤마다 가슴이 축축한 나는
안개 낀 섬을 찾아간다.

영상을 시로 그려낸다. 언어미학이란 우리가 일상으로 쓰이는 단어나 대화를 잘 엮어서 예술작품을 만드는 거다. 암벽을 정으로 두들겨서 마애불을 조각하여 단순한 암벽을 보물로 전하는 거고, 나무를 깎아 솟대나 장승을 만드는 것도, 기둥으로 쓸 통나무가 하회탈이 되어 하회탈춤과 더불어 후손에게 전해지는 것도 예능이다.

식물의 잎이나 꽃, 열매에서 오방색을 뽑아 쓰는 재능으로 탱화를 그렸듯이 진흙을 볏짚과 섞어 벽을 바르는 자료로 쓰기도 하고, 찰흙은 개어서 불에 구워 옹기를 빚기도 했으니. 제주도에서는 산담을 두른 무덤도 관점에 따라서 예술이라며 카메라 앵글에 담기도 한다.

아무튼, 비가 내린다는 말은 일상적인서술이다. 비가 내린다는 화두로 예술품을 빚겠다는 저의가 이 시의 출발이다. 강이 북소리를 낸다고?

솜씨가 빼어난 장인이 예리한 칼로 말가죽을 도려내고 강 표면을 씌워서 만든 북 껍데기로 본 거다. 그래야만 비가 내리면 강이 북소리를 낼 것 아닌가. 이참에 빗줄기의 속성도 새롭게 발현해야 한다. '빗줄기는 물방울의 탑' 이라고.

영상미의 속성을 꿰뚫고 있는 허만하 시인의 빗줄기더러 '비는 수직으로 서서 죽는다.' 는 발견을 나도 공감한다.

비가 활시위를 떠난 화살이 되고 말았다. 겨눈 곳은 수직하늘이고, 목표지점은 지상이다. 그러하니 땅에 꽂힐 때 화살은 허리가 부러져 수직으로 서서 죽을 수밖에. 얼마나 대단한가. 하지만 발견이란 모방에 그치지 않는다. 진화해야 한다. 나는 관념의 미학으로 빗줄기가 물방울의 탑임을 알았다.

빗줄기는 땅에 닿으면 부서진다. 부서지면서 물방울들을 튕겨낸다. 유리알 같은 것이 사방으로 튄다. 빗줄기 한 뼘에도 저렇게나 많은 물방울들이 탑처럼 길게 쌓여서 줄기를 이루었다니, 신의 영역이 놀라울 따름이다.

그러하니, 자연스럽게 강 표면은 빗방울이 흩어진 광장이 되는 것이다. 북소리도 리드미컬하게 들리고.

초등학교 시절, 호기심이 유별났던 나는 물방개 점 구경을 진지하게 하곤 했었다. 사람들이 길가에 모여 있다. 양철을 오래내어 물이 새지 않도록 납땜으로 큰 대야를 만들고는 거기 물을 가득 부어 물방개 한 마리를 헤엄치게 한다. 원의 가장자리마다 작은 칸을 만들고 거기에 획기적인 상품을 써 넣거나 꽝을 써 넣어 돈을 내면 묶어두었던 물방개를 헤엄치게 하여 상품을 타 먹게 하는 사행심 조장 놀이인데 이놈이 글쎄 꽝이나 별 볼일이 없는 칸에만 들어가서는 관중들의 폭소를 자아내게 했다.

처음엔 나도 그렇게 웃는 재미가 좋았는데 물방개 뒷발에 돋아 있는 갈퀴 같은 솜털이 희한하여 눈여겨보았다. 표면장

력을 위한 적응이었다니.

물방개 한 쌍이 교미를 할 때 과연 겹쳐서 할 것인가? 무거워도 겹쳐서 한다. 잠시 물속에 잠긴다한들 무슨 대수인가, 화끈하게 접속이 되면 그만인 것을. 그런데 두 놈 다 미세하게 발을 떨었다. 아마도 물에 젖은 몸 상태를 조절하는 모양이다. 그렇게 할 일을 마치고 따로 갈 길을 가면서 수면에 겹쳐지는 원근의 물무늬 아름다움이란 상상을 만족시켜주고도 남는다. 옥玉을 잃어버렸다는 말은 사랑하는 남자에게 알몸을 드린 여인처럼 헌신적이었다고 말끝을 흐리련다.

강은 물방개의 몸놀림 탓에 별 그림자가 넘실넘실, 헤엄치는 동안 앞으로 생겨날 물방개의 유충도 그러하겠지만 강에 사는 미물들이 힘차게 헤엄친다고 상상을 극대화하려고 어둠 속을 상상의 재봉틀 바늘로 섬세하게 깁고 있음이다

여기까지는 영상을 직조하느라고 정성을 들였지만 마지막 연은 그만 설명으로 끝나고 말았다. 삭제하면 더 좋은데도 별무늬가 젖는 밤이라, 비가 내리거나 안개가 끼거나 말거나 상관없이 관계를 맺고 싶어서 나처럼 넘치는 기운으로 밤잠을 설치고는 외딴 여인을 찾아가겠다고 섣불리 말하고 말았으니 시의 품위를 훼손하고 말았다. 허긴 나중에 추고하면 되는 거다.

간혹, 시더러 영상이니 영탄이니, 더하여 메타포나 패러독

스 따위의 어려운 말을 염려하면서까지 써야 하느냐고 반문하고는 쉽게 쓰고 잘 읽히면 되는 것 아니냐고 도통한 듯 말하지만 그건 명시를 몰라서 하는 말이다.

가방을 싸구려 가죽으로 쉽게 만들어서 편하게 쓰면 그만 아니냐는 말과 같은 거다. 소위 명품 가방은 어안이 벙벙할 만큼 비싸다. 돈 없으면 못 산다. 어떤 재질이냐, 어떤 디자인이냐, 어느 장인이 만들었느냐, 희소가치는 어떠냐에 따라 값이 정해지니까. 명품 가방은 돈으로 표현하는 자존심이라고 하면 시는 더할 수 없는 명상의 자존심이다. 그래서 한 편을 쓰더라도 명시를 쓰려고 새벽 숲을 헤치며 이슬 맺힌 거미줄에 얼굴을 축축하게 적셔보기도 한다.

海松

해송에 기대어
소금꽃이 돋은 침엽針葉을 바라보고 있으면
겨울 바다로 떠나간 솔방울이 생각난다

잠수하다 죽은 석녀石女의 무덤 옆
비틀린 해송 몇 그루 서서
칼바람마다 곡哭소리 나게
몸 비벼 보내고
청청한 외로움 태왁에 담고
뼈를 깎듯
숨 비우고 토해내던 휘파람 소리

풍랑에 떠밀리던 솔방울은
외딴섬 흙모래에 닿고

마애불이 미소 짓는 절벽 위로
학이 춤추고
석녀石女의 무덤에 함박눈이 쌓인다.

예상과 맞게 눈보라 휘날리는 겨울 새벽녘엔 큰 고기가 물린다. 그것도 절벽 험준한 바위 아래가 낚시 포인트이다. 몇 번인가 뜻밖의 월척으로 자주 찾았던 곳은 제주시 고내리에 위치한 절벽 어느 곳이다. 그 절벽 외형을 눈여겨보면 '고뇌하는 얼굴' 이 나온다.

낚싯대를 정하고 낚시를 묶고 찌를 선택하고, 미끼와 밑밥을 준비한 뒤 물때를 맞추면 낚시 채비가 끝난다. 겨울은 밤이 길어서 새벽 6시께 초들물이 좋은 시각이다. 만조까지 2시간여를 원하는 어종을 공략할 수가 있으니까.

그렇게 나만의 채비로 재미를 보다 보니 봄에도 심심찮게 낚시를 즐기게 되어 한때는 자나 깨나 낚시에 몰두하게 되고 말았다.

낚시질을 마치면 아침식사 대용으로 빵을 먹었는데 잡은 고기로 의기양양하기도 하고 미안하기도 해서 고수레를 한답시고 빵 조각을 더러 남기고 먹는다.

해안 절경이 빼어난 만큼 그 주변을 감싸고 있는 소나무 숲도 아름답다. 뭍으로 기어오르는 매서운 동풍 탓에 해송은 한쪽으로 쏠려 상형문자처럼 거의 굽어 있다. 더욱이 솔잎이 쌓인 언저리에 묘비명도 없는 작은 무덤이 있다. 낚시하러 갈 때마다 지나다니며 보았던 터라 낯설지가 않아 시로 나마 겨울바다의 애절함을 표현하고 싶어 해송이라는 화두로 전경을 표출했다.

해송에 기대어 옷에 묻은 눈을 털어내고는 눈꽃이 핀 소나무 가지를 들여다본다. 바다 물보라에 녹을 것이므로 소금꽃이라고 했는데 이 추운 겨울에도 솔방울은 씨앗을 품고 따뜻한 어느 곳으론가 떠났을 것이라는 발상으로 첫 연을 꾸몄다.

누가 돌보지 않아 잡초가 남아 있는 무덤이라서 필시 잠수하다 죽은 해녀 무덤으로 설정하였고 더하여 그녀는 석녀라고까지 상상하여 겨울 바닷바람 속에서 애절하게 숨 비우는 소리까지 첨가하여 환청으로 듣곤 했다. 외로운 해녀는 물길도 깊이 잠수한다는, 그래야만 피곤하여 독수공방에서 제때 잠을 이룰 수 있다는 가상으로 눈보라마저도 뼈를 깎는 휘파람 소리라고 톤을 높였다.

풍랑에 떠밀리던 솔방울은 외딴섬 흙모래에 닿아 싹을 틔운다는 소망 대신 외로운 해녀는 일찍 병사하고 만다는 반전을 설정, 오히려 비장미를 맛보고 싶었기에 세상에선 외롭게 살다 스러졌지만 내세에선 부디 평온하게 살기 바라는 마음으로 마무리 연을 꾸몄다.

시의 순서로 치면, 겨울바다로 떠난 솔방울이 생각나고 이어서 외딴섬 흙모래에 닿아야 하는데 그 행간에 차가운 겨울 바닷물에 잠수하는 해녀의 상황을 전개한 이유는 풍랑에 떠밀리던 솔방울의 행로에게 오랜 시간을 만들어주려 함이다.

그렇게 해야 시가 시간적으로나 공간적으로 깊어지기에 마애불이 미소 짓는 절벽 위로 신선한 학이 둥지를 틀려고 춤을 추며 노송에 깃을 친다는 발상이 자연스럽다.

어떤 무덤이거나 간에 이승의 바람 소리를 듣는다는 것은 부디 극락에 가기를 바라는 시심의 소산이다. 함박눈이 내려 천지가 희고, 바다는 어떤 하늘 아래서건 변함없이 출렁이고 있으니 인간사 또한 자연이 일부분인 것을.

방글라데시의 시골 풍경

방글라데시 사진작가 사진 속으로
방글라데시 소년 소녀가
알몸으로 철길 위를 걸어간다
손잡고 양쪽 레일을 밟으며 간다
아열대 햇살이 활활거려
기찻길 따라 짙푸른 활엽수
낚싯대를 맨 소년의 어깨와
대바구니를 손에 든 소녀 엉덩이가 눈부셔라
대바구니 속에
물고기 몇 마리가 아가미를 날름거리고 있는지
한참 동안 사진 속을 들여다보고 있을 때
숲 속에서 날아오르던 새들의 그림자가
푸른 강변을 달리고 있다.

우연히 국제 사진전시회를 구경하게 되었다. 경제적인 이유로 외국여행이 다른 예술가에 비해 상대적으로 자원이 모자란 나는 명품 그림이나, 사진 전시회를 즐겨 찾아다닌다. 특히 심야에 보는 영화는 낮잠으로 모자란 밤을 때울지언정 시를 쓰는 창작의 모티브가 되는 경우가 많기에 즐겨 날밤을 지새운다.

마음에 드는 여자를 마음먹은 대로 쓰러뜨릴 수 있던 젊은 시절엔 누드화, 누드사진, 야동에 군침을 삼키면서도 슬그머니 착한 척 살았는데 내 시 속에선 그 야릇한 심리가 여지없이 드러나서 에로시인이라는 한동안 야한 별칭을 받았던 적도 있다. 지금은 제주 방언을 그럴싸하게 구사하는 시인이라는 말을 듣고 있지만.

사진에 등장하는 소년 소녀가 방글라데시 나이로 15세 정도가 될까? 누드사진이라서 훔쳐보는 맛은 있지만 죄의식은 전혀 없다. 사진을 오래 들여다봐도 워낙에 예술적인 주제라서 스치는 사람들이 오히려 안목이 높은 시인으로 봐준다는 여유마저 누렸다.

이 시는 영탄시와 영상시의 구분에서 사진의 아름다움을 고스란히 전하고 싶어 90% 이상을 영상시로 처리하였다. 물론 시의 고급화를 위하여 교차까지는 아니더라도 중복을 설정하였다.

방글라데시 사진작가 - 모델인 소년 소녀
알몸으로 철길 위를 - 손잡고 양쪽 레일을 밟고
아열대 햇살 - 짙푸른 활엽수
소년의 어깨 - 소녀의 엉덩이
대바구니 속 - 물고기 몇 마리
숲 속에서 날아오르는 새들 - 푸른 강변을 달리는 새들의 그림자

방글라데시는 오지가 많아 가난한 나라. 우거진 숲을 헤치고 깔아놓은 기차 레일. 실오라기도 보이지 않는 알몸으로 기찻길 철로를 맨발로 걷게 설정했으니, 어린 소년과 소녀의 성숙을 위한 미지의 자태에서 인간 조건을 위한 아름다움과 경제적 발전을 암시하는 철로와 짙푸른 숲이 곧 평화라는 자연의 풍요를 절로 느꼈다.

느꼈으면 그만인데 시인은 여기서부터 시작이다. 가장 쉬운 언어로 예술 혼을 빚어야 하기에 일용할 양식은 잠시 접어두고 제를 올리는 정성으로 감성을 새긴다.

소년 소녀의 뒷모습만 보이기에 극사실적인 묘사는 피했다. 그래서 기찻길 따라 짙푸른 활엽수라고 대충 처리하고 대바구니 속에 물고기가 몇 마리 들어 있다고 했으며 '한참 동안' 이라는 시간적 틈새도 구했다.

그 한참 동안 숲에서 날아오른 새들과 그 새들이 풀밭에 떨어뜨린 새들의 그림자까지 눈여겨보고는 땅 위에서는 날 수 없으니까 달린다고 표현했음이다. 사진에서도 빛은 조도를 나타내는 기교를 가늠하기에 상당히 중요하다고 들었다.

시인의 자부심도 있고 해서 햇살도 화살과 같아 쏟아지는 상태와 햇볕은 방패와 같아 뜨겁게 쌓인다는 상황을 설정하고 사진의 명암도 심도 있게 눈여겨보았으며 되도록 사진작가의 의도를 고스란히 살리려면 사진 내용에 충실을 기해야 한다고 애는 썼다.

수초가 우거진 강에서 갓 낚은 물고기라는 유추에 낚인 물고기가 사진 속에서도 아가미를 날름거릴 것이라는 착상은 시인의 기발함이다. 이런 기발함이 시의 신선도를 지켜주기에 시작법에선 비장의 무기이다.

아무튼 '소녀 엉덩이가 눈부셔라' 라는 대목에서 눈부시다는 영탄은 영상시에서 약간 위배된다. 하지만 시인이 사진작가와는 예술적 표현 방식이 다르기에 적시적소에 탄식하는 독백 한 마디는 시로 탈바꿈하는 가뭇없는 마음의 풍경이다.

버선

가난한 삶을 땀으로 씻어내고
무겁게 잠기는 어둠을
호롱불로 쪼개고 앉아

한 맺힌 손으로
정성을 다하여
한 쌍의 학을 날리고 싶나니

보름달 뜨면
꽃신도 신어보고

해가 가고
달이 익어
여인의 몸이 뜨거울 때
학은
또다시 알을 낳고
동이 트는 하늘에 춤을 추리니.

최근에 젊은 여자들은 하의 실종이 대세이다. 치마가 사각 팬티보다도 짧다. 한 마디로 자신을 들어내 보이려는 노출패션이다. 엘리베이터를 오를 때 밑에서 보면 허벅지 선이 다 보인다.

여기 버선이라는 시는 나름으로는 고풍이 찬연하도록 정성 들여 썼다. 한국의 전통을 보여주는 골동품으로 독자들도 귀이 대해주리라는 기대감도 컸다.

하지만 구닥다리 같은 시를 쓰느라고 고생했다고 넌지시 자랑했다가 오히려 비아냥거림을 받은 적이 있다. 네가 좋아서 한 일 가지고 무슨 호들갑이냐고.

그런 비판에도 불구하고 친한 사람에게 내가 세상을 떠나도 내 시는 대략 50년은 남아서 나를 증언해 줄 것이라고 조심스레 말했더니, 단도직입적으로 3년도 되기 전에 집안 정리하는 도중에 온데간데없이 잊고 만다며 내심 백년은 가리라는 야무진 예상으로 슬며시 웃음 짓는 나를 무색하게 만들었다.

저작권도 사후 50년이라는 보장도 명시에 한정한다는 것. 너도 나도 시인인 세상, 생활환경이 좋아질수록 암이 많아졌는데 이유로는 냉장고에 보관한 음식 탓이라는 거다.

그러하니 한 맺힌 손으로 정성을 다하여 한 쌍의 학처럼 버선 한 벌을 만들었다고 외쳐도 다들 바쁜가, 시큰둥이다.

그래도 다행인 것은 노숙자더러 '너는 왜, 그따위로 사느냐!' 고 대놓고 훈계하지 않으니 열불 터지는 일은 없다. 갑자가 웬 노숙자냐고? 마음에 안 든다고 시시한 시라고 하지 말라는 말이다. 그렇게 되기까지는 사세부득이 있는 거다.

시인들도 시를 쓸 때는 명예를 생각해서라도 허접하게 쓰지 않는다. 적어도 당사자에게는 최선의 현실이다. 그래서 안쓰럽다. 오죽하면 진땀 흘리던 초보운전도 모두의 과거라고 항변하겠는가. 역지사지를 알면 서로 무등 태워줄 동지들이기에 속으로 흐뭇해하면 되는 거다. 그런 겸손이 더불어 사는 덕목을 획득한다. 자존심을 지키려는 다수가 침묵을 하는 이유도 거기에 있다.

이 정도 노력했으니 남들도 알아줄 거라는 당찬 기대감만큼 오히려 나를 측은하게 여기고 있음도 염려해야 한다. 왜냐하면 더불어 발전하는 거니까.

한복도 개량하는 동안 기능의 발전으로 점점 화려하거나 단아하여 예술성이 높아진 건 사실이지만 입을 옷이 얼마나 많은지 특별한 날이 아니고는 한복을 찾아 입기도 사뭇 바쁘다. 초속 인터넷도 진화하려고 몸부림치는 현실에선 멋을 내기 위한 이벤트로 한복에 팬티스타킹을 입을지언정 버선까지 챙기지 않는다. 스타킹 자체가 버선의 필요성을 깡그리 뭉갠하의니까.

혹자로부터 시인이 넘쳐나는 세상에 자신의 시를 홍보하기에도 바쁜데 누가 허접한 시를 읽어줄 것이냐며 한 편을 쓰더라도 각고의 노력으로 명시를 남기는 것이 좋지 않겠느냐고 조언을 받았지만 나는 명쾌하게 빠져나갔다. 이미 천 편이나 발표하고 말았으니 한편의 명작 범주에서 상당히 멀어진 몰골이니 어쩔 수 없는 것 아니냐고.

거기다가 시를 피자 한 판으로 생각하는지 문단의 신선도를 위하여 이미 발표한 것 말고 새 것으로 달라고 간곡한 부탁을 받으면 난감해진다.

도대체 명작 한 편을 원하는지, 날마다 갓 구어낸 피자를 원하는지 독자들의 취향을 모르겠다. 서정주의 '국화 옆에서' 는 새로운 시의 신선도를 위하여 돌로 관을 짜고 바다 깊숙이 묻어야 하는가?

헐벗고 굶주려야만 시가 태동하는 줄 번연히 알면서도 악도 일단을 긍정한다는 만용으로 살아온 세월이 새삼스러울 뿐, 무엇을 먹어야 정력에 좋다고 알려드리고 싶어도 원하지 않으니 다만 지켜볼 수밖에.

유곽지대

예쁜 성기性器를 보여주는 꽃들은
강 속에 잠겨
크레파스로 화장한 열대어가 된다
뿌연 등불이
투명한 속살을 파먹고 있다

목마른 야생마가
강 위에 떠 있는 은하수를
거친 발굽으로 첨벙이면
반짝반짝
꽃들은
낯선 타악기打樂器를 들고 탈춤을 춘다
가난한 망명처亡命處에서
향수는 허물 벗은 꽃뱀처럼
천연색 추억의 반 토막으로 남아

한恨을 씹는 피맛
비린 빗방울
후두기는 빗소리와 통정通精하는 꽃.

유곽지대遊廓地帶란 말 그대로 '매음녀가 사는 마을'이라는 뜻이다. 더 쉽게 말하면 '돈을 받고 몸을 파는 여자들이 사는 도시의 뒷골목'이라고도 표현할 수 있다. 이 시는 난해시難解詩에 가깝다. 철딱서니가 없던 젊은 시절엔 월급을 쪼개어 이런 곳에 슬그머니 다녀왔다. 안 가 본 남자는 극히 드물다. 불량한 시인답게 야릇한 곳을 문학 작품으로 나타내려는데 체면을 생각하다 보니 노골적으로 상황을 까발릴 수는 없는 법. 그래서 은유를 차용한 거다.

빚에 묶여 몸을 파는 여인들이 가엾다. 가련해서 더욱 호기심이 발동한다. 사랑하지도 않으면서 예쁜 성기를 보여주는 꽃들이 강 속에 잠겨 있다는 표현은 갓 잡아 가둔 수족관 활어처럼 보이려고 커다란 유리 방안에 모여 있다. 크레파스 비슷한 물감으로 화장을 짙게 하고는 서서 몸을 비트는 꽃, 잡지를 보는 꽃, 하품을 하는 꽃, 화투로 재수보기를 하는 꽃, 먼 곳을 바라보는 꽃, 뜨개질하는 꽃, 그런 와중에도 책을 읽는 꽃도 있다.

정육점에 진열된 육류도 싱싱하게 보이려고 연분홍 네온 등으로 분위기를 돋운다는 착상에서 뿌연 등불이 투명한 속살을 파먹고 있다고 표현했다.

아무튼 남자들은 활어를 고르듯이 손가락으로 대상을 가리킨다. 누가 나의 이름을 불러주면 그에게로 가서 꽃이 되겠다는 선택으로 여자들은 밖으로 나온다. 리더 격인 남자의 짝인 여자의 밀실에서 맥주로 입가심하고는 마음에 드는 짝끼리 여인들의 밀실로 들어간다.

목마른 야생마가 거친 발굽으로 강물을 내달리면 꽃들은 타악기를 들고 탈춤을 춘다고 했겠다. 그나마 탈이라도 쓰고 추었으니 다행 아닌가 말이다. 여기서 쓰는 탈은 풍선처럼 바람을 넣을 수도 있다. 다만 얼굴에 쓰는 탈이 아닌 것이 묘할 뿐이다. 비록 하룻밤 풋사랑이지만 남자는 남자라서 말을 건네보기도 한다. 차라리 화대를 많이 주면 잠시나마 고향 떠난 설움을 잊기라도 하건만 여자가 가장 싫어하는 말인 고향이 어디냐, 나이 몇 살이냐, 왜 이런 곳에 왔느냐를 물었던 어리석음이 새삼스럽다.

고향 뒷산을 떠나 도시의 꽃뱀이 되었지만 되도록이면 다시 고향으로 돌아가길 바라는 마음에서 이 시를 쓰게 된 거다. 비록 가장 추한 곳에서 살고 있는 자기도 한때는 문학소녀였다는 뜻밖의 고백을 들으면 더 측은하다. 아무리 시를 써봐야 사는 데는 그다지 보탬이 되지 않는 사실을 아는 입장에선 어쩔 수 없이 가슴이 무너졌다가 바로 서기도 한다.

지금 창밖으론 새벽비가 후줄근히 내리고 있다. 비가 오면 늙으신 어머니가 밥 짓고 있는 굴뚝에도 빗물이 스며들 것이고 버스정류소 낡은 의자도 빗물에 젖고 있을 것이기에 어찌 가난한 고향을 잊을 것인가. 모진 세월이 어서 흘러서 이 가난도 바삐 흘러가기를.

3장

언어음악으로 부른 영탄

정기적금 통장

술안주 토하고 비틀거리며
집을 찾아가는 깊은 밤
어떤 무덤에 앉아
콧노래 부르며 돈을 세는 여인이 있다
옆에 앉아서 젖가슴을 만졌더니
여인은 사라지고 돈만 이리저리 흩어졌다
돈 줍다가 나뒹굴어 발목이 삐끗,
울고 있는 동안
어슴푸레 날이 밝아왔다
이키!
손에 쥐고 있는 것은 멧돼지의 똥
여기는 어디냐?
전에 자살하려고 왔던 한라산 중턱
큰일 날 뻔했구나
할 일이 많은 사람아
어서 집에 가자.

새삼스럽게 이 시를 읽어보니까 '정기적금 통장'을 이렇게도 표현할 수가 있음이 스스로도 기가 막힌다. 나도 엉뚱한 상상을 하는 사람이라는 생각이 들어서 잠시 웃었다.

이 시는 아주 짧은 영화대본처럼 썼고 나는 그 대본의 주인공처럼 배역에 충실하고자 취객으로 변신하여 등장한다. 인생을 살다 보면 예상치 못한 상황에 처할 때도 있다. 그런 상황을 설정하고 진행하다 보면 뜻밖의 일도 벌어지는 거다. 그런 진행과정을 적나라하게 공개하여 독자의 시 읽는 흥미를 유도하려는 의도가 숨겨져 있다.

그래서 제목부터 특이하게 정했고, 등장인물은 술안주를 토할 만큼 과음한 상태로 집으로 가는 과정에서 방향감각을 잃어버려 한라산 중턱까지 위험천만으로 옮겨 다닌다.

깊은 밤, 한라산 중턱. 무덤 위에 앉아 있는 여인이 음산한 바람결에 긴 머리칼을 휘날리며 콧노래 비슷한 소리를 내며 많은 돈을 세고 있다는 설정이 정말로 쇼킹하지 않은가?

얼마나 과음하여 대취했는지 처녀귀신인 줄도 모른 채, 겁도 없이 뺨 맞을 짓(?)을 하고 돈에 눈이 뒤집혀서 허겁지겁 줍다가 구렁에 나뒹굴어 발목이 접질리지는 중상을 입게 된다.(죽지 않은 것도 조상님 덕분이다.) 때문에 잠시 무엇엔가 홀렸던 정신이 돌아와서는 두려움에 떨면서도 날이 새도록 통증으로 살려달라고 울부짖고 있다. 그나마도 목이 쉬고 힘이 드니까 쉬엄쉬엄 신음하고 있다. 새벽녘이 되어 손에 쥐고 있는 것을 자세히 보았더니 돈이 아니라 멧돼지의 똥으로 반전을 꾸렸다.

속설로 돼지꿈과 돈은 소망으로 연결되어 있다. 돼지가 돈이라면 돼지 똥은 쓰다 버린 망명정부의 부도수표. 그 상관관계를 나는 알고 있다. 알려드리고 싶지만 거의 거짓말이기 때문에 이 시를 마냥 믿지 말기를. 그건 그렇고, 살다 보면 꿈같은 일도 생기는 것이 인생이다.

예를 들면, 생전 처음 보는 물건이 집에 있을 수도 있다.

"이거 도대체 어떻게 된 거냐?"

아무리 궁금해 한들 답이 없는 경우도 있다는 말이다.

술을 지독하게 마셨으니 정말 큰일 날 뻔했다. 취객의 무용담 비슷한 말을 들어보면 밤늦게 귀가하다가 귀신을 만나서 씨름하여 이기면 지나가게 해주겠다는 말에 밤새도록 귀신과 씨름하게 되는데 그것이 동구 밖에 세워놓은 마을 공적비석이었다는 이야기에 힌트를 얻었다. 바람 모질게 부는 가을 한라산 중턱에서 억새꽃의 흔들림을 하염없이 바라보다가 향기도 없는 억새꽃의 가련함이 나처럼 안쓰러워 돈 세는 여인으로 설정한 것이다.

술 깨고 나서 후회해본들 별수 없지만 별수도 있어야 함이 인생이라 아직은 할 일이 많은 사람이기에 지금 데려가면 반

칙이므로 집으로 돌려보내는 것으로 끝을 맺었다.

시의 제목이 왜 정기적금 통장인지? 적금을 끝까지 부어서 목적한 돈을 이루기가 결코 쉽지 않다는 것을 보여주기 위함이다. 예술에 종사하는 사람들은 돈이 돈을 낳는 요지경 세상에 사는 동안 사랑에는 울더라도 돈에 속지 않기 바라는 마음이 간절하다.

가난에 찌든 사람들은 가난이 지긋지긋하다고 한다. 이제 와서야 젊은 날의 경제적 타격이 새삼스럽게 고맙다는 생각도 든다.

돈 없어서 돈 심부름하기 위한 사업구상도 없었고, 골프 치러도 못 다녔고, 룸살롱에서 오장육부를 더럽히지 못했으며, 돈이면 마음먹은 대로 되는 세상이라 일상이 권태롭고 싱겁다는 철학을 지니지 못한 어부지리로 땀 흘려 부지런히 시를 쓰는 도구가 되었으니.

돈의 둘레는 럭비공처럼 타원형이라서 회전축이 상황에 따라 달라 어느 쪽으로 튈지 모른다. 그러하니 가난한 자도 부자가 될 수 있기를 소망한다. 아무튼 과음하지는 말자. 돈 많음도 과함이라 인격이 근엄謹嚴으로 굳어지면 꼴불견이니까.

청령포의 한

구름도 쉬어 가는 첩첩 산중
아라리 물길 굽이굽이 주홍색 나리꽃 그림자
거기 누구 없느냐?

궁궐에서 내쫓기며 맞은 매
핏물은 삭고 말랐건만
지금도 뼈마디는 욱신거린다

정순왕후. 어찌 사는가?
강물에 그려진 그대 무척 보고 싶구나
침소에 드시라는 아련한 목소리
사무치게 듣고 싶구나
하얀 젖무덤 연분홍 젖꼭지
오래 오래 만지고 싶구나

두견새, 어찌 슬피 우는가?
어머니, 어서 오시어 저를 데려가 주옵소서

산이 막혀 못 오시면 물길 따라 오옵소서
밤마다 목 놓아 우는 나는 만년 사직 체통이 없구나

달빛은 어찌 저리 붉은가
관음송 그림자도 저승사자
이대로 혼절하면 들짐승이 나를 잡아먹겠지
오오! 저기 누가 오는군
으해해해! 금부도사, 어서 오시게
산중에서 사람을 만나니 살 것 같군
사람 사이에 섬이 있었던가?
물이 깊어 산이 잠기면 섬이 되는가?
모반의 종자라고 나를 죽이라 하던가?
선왕께 하직은 하고 사약을 받겠는데 윤허하겠는가?

'발버둥치며 떠난 길이 천 갈래 만 갈래
고운 임 찾을 길은 눈감아도 끝이 없어
바람으로 흐트러진 마음 꿈길에서 만나리'

노산대 돌층계엔 짙푸른 이끼
초록 풀숲 사이 빨갛게 농익은 곰딸기
거기 누구 없느냐?

아버지는 제5대 왕 문종이고, 어머니는 현덕왕후顯德王后 권씨權氏이다. 비는 정순왕후定順王后 송씨宋氏이다. 1448년(세종 30) 8세 때 왕세손에 책봉되고, 1450년 문종이 즉위하자 왕세자에 책봉되었다. 1452년 5월 문종이 재위 2년 만에 죽자, 12세에 왕위에 올랐다. 그전에 문종은 자신이 병약하여 황보인皇甫仁 · 김종서金宗瑞 등에게 나이 어린 세자의 보필을 부탁했고, 집현전 학사인 성삼문 · 박팽년 · 신숙주 등에게도 좌우에서 힘을 모아 도와주라는 유언을 했다.

그러나 1453년 숙부 수양대군이 권람權擥 · 한명회韓明澮 등과 함께 황보인 · 김종서 등을 제거하고 군국軍國의 모든 권리를 장악하자 단종은 단지 이름뿐인 왕이 되었다. 1455년 단종은 한명회 · 권람 등의 강요에 더 이상 견디지 못하여 수양대군에게 왕위를 물려주고 상왕上王이 되었다.

1456년 성삼문 · 박팽년 · 하위지 · 이개 · 유응부 · 유성원 등이 단종 복위를 도모하다 모두 처형된 뒤, 1457년 상왕에서 노산군魯山君으로 강봉되어 강원도 영월로 유배되었다.

그해 9월 경상도 순흥에 유배되었던 숙부 금성대군錦城大君이 다시 단종의 복위를 계획하다가 발각되자, 노산군에서 서인庶人으로 강봉되었으며 10월에는 마침내 죽음을 당했다.

짧은 재위 기간 중에도 1453년 양성지梁誠之에게 《조선도도朝鮮都圖》 · 《팔도각도八道各圖》를 편찬하게 하고, 이듬해에는 《황극치평도皇極治平圖》를 간행하게 했다. 1454년 《고려사》를 인쇄·반포했으며, 그해 12월 각도에 둔전屯田을 설치하도록 명령했다.

1681년(숙종 7) 노산대군으로 추봉되고, 1698년 복위되어 시호를 공의온문순정안장경순돈효대왕恭懿溫文純定安莊景順敦孝大王, 묘호를 단종으로 추증하고, 능호를 장릉莊陵이라 했다. 단종이 처형당할 때의 시신은 영월의 호장戶長 엄흥도嚴興道가 몰래 수습하여 동을지산 자락에 암장하여 무려 86년을 숨겨 오다가 중종 36년에 영월군수 박충원이 묘를 찾아내어 묘역을 정비하였다.

이러한 역사적인 사실보다는 17세의 꽃다운 나이로 왕에서 유배인 신새로 전략하였다가 드디어는 죽임을 받고 한 많은 세상을 하직하는 그 슬픔이 너무나 커서 눈물을 글썽이면서 이 시를 썼다.

지금에 비하면 조혼의 풍습에 따라 결혼은 일찍 하였으니 정순왕후 역시 아리따운 여인일 터. 연분홍 젖꼭지로 상상했음은 나름으론 특유의 착안으로 치부했어도 얼마나 정인이 그리웠겠느냐는 상상만으로도 설움이 크다.

특히 단종에게 사약을 내려야 하는 책임을 맡은 의금부도사 왕방연이가 애끓는 아픔을 다독이느라고 읊조린 시가 안타까움을 더한다.

천만 리 머나먼 길에 고운 임 여의옵고
내 마음 둘 데 없어 냇가에 앉았으니
저 물도 내 안 같아야 울어 밤길 예놓다.

단종 애사라는 말에서 단종의 슬픈 역사를 읽는다. 육지 속의 작은 섬, 청령포는 단종이 숙부인 수양대군에게 왕위를 빼앗기고 유배된 곳이다.

한기를 느낄 만큼 시퍼런 수심과 아름다워서 눈물겨운 청령포의 전경을 바라보니 내가 비극의 주인공인 양 설움이 밀려왔다. 하지만 비통을 견딜 수 없어 피로 토해낸 왕방연의 시조와 단종의 한시 앞에서는 한낮 여행객의 호사에 불과한 것을.

서러움이 밀려들면 한은 끝이 없다고 절규한 단종의 자규시子規詩도 읊조려보자.

원통한 새 한 마리가 궁궐에서 나오니
외로운 몸 그림자마저 짝 잃고 푸른 산을 헤매누나
밤은 오는데 잠들 수가 없고
해가 바뀌어도 한은 끝없어라
산에 울음소리 끊어지고 달이 흰빛을 잃어 가면

피 흐르는 봄 골짜기에 떨어진 꽃만 붉겠구나
하늘은 귀 먹어 하소연을 듣지 못하는데
서러운 이 몸의 귀만 어찌 이리 밝아지는가

청령포에는 천연기념물로 지정된 관음송이 단종의 애사를 간직한 채 푸른 하늘을 향해 서 있다. 17세에 죽임을 당한 단종, 단종의 괴로움을 지켜보며(觀), 단종의 통곡을 들었다(音)하여 붙여진 이름이라고 한다. 지금도 안쓰러운 넋을 기리는 단종제를 지내고 있다.

혼魂

가시는 듯
다시 오옵소서
보내는 것이 아니오라
잠시 보내드릴 뿐
가시기 전처럼
그렇게 가시옵소서
거두어들일 수 없는 눈물
더할 수 없는 자신을 위하여 울고
다시 만날 일만이 남아 있다고
가시는 듯
다시 오옵소서

가고도 남아 있는 것
혼
혼을 가지러
다시 오옵소서.

벌써 오래전 일이다. 문학 사이트를 만들고 싶어 컴퓨터 교육장에 홈페이지 제작과정을 배우러 다녔다. 무엇을 하느라고 첫날부터 지각을 하여 빈자리를 찾아 슬그머니 앉았는데 휴식 시간에 옆자리에 앉은 동료에게 인사말을 건네면서 은근히 놀라고 말았다. 미모가 빼어난 젊은 여인이 화끈한 경상도 말투로 정답게 인사를 받아주었다.

정말이지 홈페이지 제작이 그리 쉽게 배워지는 것이 아니었다. 보름 정도가 지나니 따라가기가 지옥행 가는 길과 같아 언제 포기를 해야 할지 낙오의 명분으로 고심하기 시작하였다.

그런데 더 놀라운 것은 그 여인은 재능도 뛰어나서 미리 다음 페이지를 준비해 놓고 옆자리 짝꿍이라고 나를 도와주곤 하였다. 고마운 마음에 시집 한 권을 선물하였다. 그랬더니 읽어보지도 않고 시를 좋아한다면서 무척 기뻐하는 표정이 역력하였다.

아니나 다를까 이튿날, 상품권인가 뭔가를 주기에 반갑게 받았다. 시를 쓰는 것 외에 내세울 것이 없는 나로서는 시집을 내는 동안 남에게 시집을 그냥 주고 만 경우가 많았는데 사례를 받았다는 흐뭇함이 지금도 뇌리를 지키고 있다.

그렇게 홈페이지 대문을 겨우 만들고 폴더 하나도 제대로 꾸미지 못하고 미로를 헤매다가 3개월 과정을 흐지부지 끝내고 말았다.

그렇게 일 년이 지나서였을까, 걸어가는데 누가 차창을 열고 나를 불렀다.

시인님이라며, 오래간만이라고 하고는 〈혼이〉라는 시를 인터넷에서 봤는데 쓴 적이 있느냐고 물어왔다. 그렇다고 대답했더니 외국 손님을 모셔도 자랑할 만한 레스토랑을 짓고 있으니 시간 내서 찾아달라고 연락처를 주고 가기에 서둘러 찾아갔다.

바라만 보아도 웅장하면서도 화려하여 어안이 벙벙한 표정을 지었더니 내부는 예술적인 분위기로 아늑함을 연출할 거니까 기대해도 된다고 말하고는 시가 너무 좋아서 자신의 홈페이지에 올리겠다고 하였다. 그러면서 시집을 내는 데 일정액을 지원하겠다고 말했다.

세월이 흐르는 동안 그곳에서 시집 출판회도 열었고, 문학회 모임도 했다. 아무튼 '혼' 만큼이나 멋진 시를 많이 쓰기 바란다고 지원해 주었기에 평생 잊을 수 없다.

솔직히 말해서 〈혼〉은 김소월의 〈초혼〉에서 구한 모방작품이다. 하지만 '혼' 의 뜻은 초혼처럼 보내는 설움의 격양이 아니고 다시 이승으로 혼을 찾으러 오길 바라는 측은지심의 발로이다.

감히 초혼의 감동을 피력한다면 유리 파편처럼 산산조각 난 이름, 지척에 있어도 만나기 어려운데 무한 허공에서 찾아야 할 이름이니 어찌 찾을 것이며, 이름은 있으나 이름의 주인은 영영 없는, 그래서 애타게 부르다가 나마저 죽을 이름이라는 첫 연부터 나를 흔들었기에 그 막막함이 길을 내주어 절로 써졌다.

제주도의 명품 레스토랑을 간직한 호텔 '화이트 하우스'

그 동안 쌓은 노하우로 손님들의 호응으로 제주도 관광에도 한 몫을 하고 있다.

금년부터는 3층과 2층은 고급 호텔로, 1층은 레스토랑홀로 내부를 단장하고 있다. 경영하느라고 많은 직원들을 책임진 운영이 버거운데도 성실과 근면으로 착실히 발전하는 모습에 안도하면서 가끔이지만 나는 귀한 손님인 양 찾아간다. 홍보대사가 온 듯 직원들이 반겨주고 나에게만은 서비스가 따로 있다.

명품 요리를 기다리는 동안 마음마저 하얗게 씻길 것만 같은 푸른 바다를 통유리창 너머 바라보면서 시상을 다듬는 특혜, 여기를 찾는 손님들도 누리는 호사이다.

마음에 드는 시 한 편을 펼쳐놓고 시인과 독자가 미소를 나눌 때 시인들은 시를 쓰는 보람을 느낀다는 사실을 알았다.

하얀 침묵

함박눈, 천사들의 깃털, 공기의 놀라움
춤추는 균열, 춤추는 분열, 춤추는 나락
싸늘한 초침들이 떼 지어 부서진다
추운 계절에 초대받은 황금박쥐처럼
진화의 끝에 우뚝 선 천사의 웃음소리
나는 빙벽에 기대어 눈을 감고
달콤한 타인의 추억을 훔쳐본다
그럴 때마다 꿈꾸는 눈빛으로
불을 토하고 싶어 몸부림치는 짐승
그리움은 바다가 아니라서 산이 아니라서
깨진 꿈처럼 산산조각으로 부서지는가
눈보라, 옛 노래, 아득한 물개의 칭얼거림
결국 내가 현실로 돌아오게 하는 것은
너의 눈물, 너의 결빙, 그리고 하얀 침묵
살얼음 어는 입김마저 차가운 옛 그림자여!
멸종된 짐승이 걸어갔던 길을 찾아서 가라.

문학 강의를 하면서 회원들에게 시를 읽고 감상문을 써보라고 권한다.

멋진 시를 쓰려면 감성적인 수필을 많이 써 보아야 하고 제대로 된 수필을 쓰려면 시의 지독한 메타포를 분해하는 능력을 키워야 한다고 강요한다.

「처음엔 암시하는 시어들이 많아 의미를 잘 몰랐는데 곰곰이 들여다보니 어쩐지 야하면서 애틋한 느낌으로 다가온다.

흩날리는 함박눈을 천사들의 날갯짓이라 표현한 것이 독특하다. 공기들이 추위에 놀라 허둥거린다는 표현은 사랑하는 연인 사이에도 찬바람이 불면 헤어질 수 있음을 암시하듯 균열과 분열, 이별의 나락으로 추락하고 만다고 탄식하고 있다. 사람과 사람이 만나고 헤어지는 일이 쉬운 일은 아니지만 헤어진 연인들의 기억 속엔 그들이 엮은 인연들이 살아 있음을 어찌하겠는가. 눈 내리는 벌판에 홀로 남아서 황금과 같은 뉘우침을 지니고 다시 왔건만 그 뉘우침을 받아줄 상대가 없으니 한 인간으로 진화한 천사를 그리다가 허탈한 웃음을 터뜨리는 그 심사. 공유했던 일들이 지금은 타인의 기억 속에 존재하기에 훔쳐본다고 표현하다니, 그저 놀라울 뿐이다.

그리워하면 할수록 자신이 저질렀던 일들만 생각나고 눈물짓게 했던 일, 마음을 얼어붙게 했던 일, 자신으로 인해 벙어리장갑처럼 침묵을 배워버린 일들만 기억하게 될 뿐이어서 괴로움에 몸부림치는 시인의 마음이 느껴지는 대목이다.

눈을 감는다고 이별의 아픔이 없어질 것이며, 지운다고 서러운 추억이 지워질 것인가. 옛 사랑의 그림자는 과거이고 환영일 뿐 현실을 직시하고 안주하며 사는 것도 어쩌면 사랑의 처세술이 아닌가 싶다. 결국 사랑은 사랑으로 치유된다는 말이 맞는 것인가. 그리움이 산처럼 바다처럼 높고 깊으면서도 현실의 이별 앞에 무너지는 건 어쩔 수 없는 것 같다.

결국 눈보라는 눈보라일 뿐이라고 스스로를 다독거리고 옛 노래는 옛 노래로 흘러갈 뿐이라고 자탄하는데 이 또한 환청인가? 어디선가 어린 물개가 젖을 달라고 칭얼대는 소리가 들린다고 했으니 사랑을 잃은 슬픔이 유별나다고 할 수밖에.

그러나 종국에는 연인이 남긴 눈물과 냉대와 강철보다 강한 침묵을 받아들임으로써 비록 눈길이지만 다시 발걸음을 옮기는 시인의 모습이 눈에 선하다.

그리고 마지막 행이 이 시의 압권이라고 배웠다. 옛날에 살았던 사람들도 지금과 같이 만나면서 헤어지면서 아프게 잊으면서 살았다는 인생의 발견이 차가운 공기를 헤치고 달려오는 득음이다. 눈보라가 휘날리면 연극무대에서 허공을 향하여 무엇인가 읊조리고 싶다는 시인. 나 또한 흡족한 마음으로 〈하얀 침묵〉을 수필로 옮겨놓는다.」

자화자찬이지만 이렇게 좋은 시는 작사로 쓰여 노래로 불려야 한다.

매혹의 상송 가수 이미배가 부르면 금상첨화이다. 전에 시집 '사랑했다 썅'을 보내드렸더니 답례로 음악 시디를 받았다. 거기엔 흐느끼고 싶도록 절절한 '아모래 미오'가 이미배의 특유의 감각비음으로 흘러나온다.

내 사랑, 당신의 가슴에 안겨서 난 모든 시름을 잊고 죽을 때까지 당신과 함께 있고 싶다는 '아모래 미오'의 원 제목은 '죽도록 사랑한다.'는 뜻인 〈Sinno Me Moro〉이다.

이탈리아 '피에트로 제르미' 감독의 1959년 영화「형사」주제곡으로 감독과 '자넷티'가 작사하고 영화음악의 거장 '카를루 루스티 켈리'가 작곡했으며 그의 딸인 '아리다 켈리'가 불러 세계적인 히트를 기록했다.

단 한 곡의 전주부분을 여러 버전으로 변주하면서 반복하기에 단순한 것 같지만 사랑을 표현하는 가장 매력적인 단어가 바로 '아모래'라는 거다.

아모래… 라고 나직이 읊조리면 받침이 없어서인가 바람처럼 구름처럼 허공을 떠도는 마음이 그려진다. 서럽게 떠돌지 말고 부디 나와 함께 살아야 모든 시름을 잊을 수 있다는.

추락하는 잉어

저길 봐
입술과 입술이 겹치듯
독수리가 날카로운 발톱으로
물속 잉어를 포획하는 장면을,
잉어 무게를 가늠하고
날개 방향을 조종하는 광경을,
잉어는 몸부림치다가
아찔한 공중에서
숨이 끊어지려는 순간
힘에 부친 독수리가
잉어를 떨어뜨려
다시 물속으로 돌아가는
만유인력의 법칙
굶주린 독수리도
절벽 둥지에서
가쁜 숨을 몰아쉬는데
아아! 육체를 탐닉하는 관계는
죽음을 넘나드는
뜨거운 빛과
차가운 그림자의 미로.

살다 보면 희한한 일도 생기는 것이 세상살이다. 수많은 독수리 중에 하필이면 저 독수리가, 무수히 많은 잉어 중에 하필이면 이 잉어를 포획하는지 생각할수록 기가 막힌다.

이것은 수많은 남자 중에 하필이면 그 남자의 입술이, 수많은 여자 중에 반드시 그 여자 입술이어야만 포개는 그런 기막힌 인연과 같기 때문이다. 여자 아니면 남자로 태어나는 피동적인 운명. 안쓰러우나 세상에 태어났다는 사실만으로도 신의 계시인 듯, 사랑하는 그대가 하필이면 하고 많은 사람 중에 왜 너란 말인가!

이 시는 먹잇감으로 사물을 구하는 능동과 먹이에 눈이 멀어 삼켜서는 안 되는 미끼에 걸린 가련한 능동의 상황을 전율에 넘치도록 묘사한 그림이다.

물고기는 어떤 경우에도 물속에서 낳고 죽어야 좋지 물 밖으로 나오면 위험천만이다. 독수리 발톱에 채인 경우, 살아서 다시 물속으로 돌아가기란 천우신조가 아니면 불가능하다.

그런 천우신조가 절대고독이나 절대불행처럼 때때로 나타나기도 한다.

독수리의 발톱의 힘과 잉어의 무게가 적절하면 독수리 둥지까지 가는 데 별 무리가 없다. 하지만 전날 독수리가 설사를 심하게 하여 힘이 약간 못 미칠 때가 있거나, 잉어가 죽을 힘을 다하여 몸부림을 치는 동안 거친 바람이 스쳐주어 독수리가 깃털이 날리는 것에 신경 쓰다가 그만 떨어뜨릴 수도 있는 거다. 산사태 속에 며칠이나 매몰되었다가도 살아나는 사람이 그래서 생긴다. 비록 내가 아니더라도 복권에 당첨되어 팔자 고친 사람도 수두룩하다.

낚시를 하다 보면 때 아닌 재채기로 눈앞까지 끌려온 월척을 놓친 적도 있고 무거운 짐을 들고 가는 노인을 돌봐드렸다가 그분의 사위가 되어 재산을 물려받을 수도 있는 것이 세상일이다.

산소를 들이마시려고 물 밖으로 고개를 살짝 내밀었다가 독수리의 노림수에 걸린 잉어의 몸부림을 동영상으로 추적하듯 이 시를 썼는데 중간에 놓치고 만다는 설정은 엉뚱하게도 남녀의 육체적 관계가 끝났음을 암시하는 대목이다.

육체를 애정으로 탐닉하는 관계라야 죽음을 넘나들 수 있다는 의미심장한 표현은 남자가 사정할 때의 표정에 리얼리티가 있다.

다시 강조하지만 이성으로 만나는 사람을 찬찬히 눈여겨 보라. 이 세상에 태어나서 사는 동안 우연히 독수리가 잉어를 포획하는 장면을 목격하듯이 그대가 거침없이 포개는 입술이 꼭 그 입술이어야 한다는 사실은 매우 흥미로운 일 아니던가.

빛나는 슬픔

푸른 바다가 술이라면
술을 줄이고 슬픔을 마시기를
그리움 대신 기다림으로 정갈하기를
그대를 추억이나 신념 같은
허상으로 만나려는 뜻이 아니기에
나를 기다리는 일이
못내 슬픈 일이 아니라서
술잔에 고인 침묵마저 과분하기를
고마운 외로움은 투명한 눈물 보석
보석을 지닌 사람은 남달리 겸손하다
술 대신 빛나는 슬픔을 마시기에.

술에 취해 하는 말이 아니오. 나는 착한 남자가 되기 위하여 멋을 지니고 있었소. 착한 여자를 멋지게 유혹하기 위하여 남자로서 힘을 키웠고, 예술을 배웠고, 기능을 익혔을 뿐이오. 반드시 착한 여자를 만난다는 소망이 현실로 이루어지고 있소. 아직 과정이지만 점점 달아오르다가 종국에는 눈부신 보석으로 변하는 환희의 결정체인 사랑을 선물하려는 착한 야욕이 은밀하고도 집요하게 그대를 감싸고 있소.

그대는 더 행복할 것이오. 지금 행복으로 만족해서는 아니되오.

수많은 세월을 매력 없는 여자로 학대했던 자신이 의지할 곳이 나라는 믿음이 들면서 어느 날 희미한 취중에 물었지요. '정말 매력이 없는 여자냐?' 고. 가끔 그대를 불나비과 곤충일 수도 있다는 생각을 하고는 슬며시 웃기도 하오. 얼마나 뜨거운지 현실과 현실 아닌 것을 착각하여 꿈을 꾸고 허공을 응시할 때도 많아지고 있소. 말로는 사랑의 씨앗을 심고 성심껏 물을 주고 거름을 주고 잘 키우려고 하면서도 꿀물을 주고 기름을 퍼부을 때가 많아 일부러 괴롭히고 싶어 심술을 부릴 때도 있음을 고백하오.

옆에 있기만 해도 아니, 내가 그대를 잠시 잊고 일에 몰두하는데도 나를 생각함이 넘치는지 나도 그대 생각으로 시가 펑펑 쏟아질 것 같아 웃음 짓는 일도 허다하오.

난 그대 때문에 한 끼를 굶은 적이 있소. 다른 것을 먹었기에 순전히 굶은 것이 아니기에 엄살을 떨 수는 없지만 그날은 영영 다시 오기 않기에 그냥 하는 말이오. 더 쉽게 말하면 그대가 내 볼에 입술을 댄 것이 3년 유효기간이 지나 나를 미워해도 변함없이 그대를 매력 있는 여자로 오래 기억할 것이오.

그러나 그대가 염려해야 하는 것은 주체할 수 없는 사랑의 신열이오.

과거 현재 미래 중에 현실이 가장 중요하다면서 나에게 쏟아 준 정열은 너무 달콤하여 감로주를 마신 바보가 되어 행복한 두려움을 느끼기도 하오.

오래 만날수록 미래를 가득 채울 그 무엇인가가 있을 것이오. 나는 천천히 움직이려고 하오. 그대 앞에서는 늠름한 산이며 너그러운 섬이 되려 함이오. 사랑이라는 탑을 오래 공들여 쌓겠다는 뜻이오. 신은 이루고자 하면 영겁永劫이라는 미혹도 순간에 이루어 놓겠지만 인간이 상찬하는 예술품이나 과학은 오랜 시련과 정성 덕분으로 역사는 이어지고 신화가까이 다가갈 수 있다고 생각하오.

그대의 마지막 남자가 되려고 긴 세월을 위하여 호흡을 가다듬는 기술로 보아도 그대에겐 과분한 남자이고 착한 남자임이 분명하오. 남자는 출세시켜선 안 된다는 그대의 지론에 어이가 없어 나는 으하하하! 하고 크게 웃고 말았소.

그대도 영화를 제법 보았겠지만 〈태양을 향해 쏴라〉라는 영화 제목 속편처럼 〈우리에게 내일은 없다〉로 살자고? 그렇게 못 살 것도 없소.

그대 하자는 대로 하면 게을러도 되고 유유자적해도 좋겠지만 그대와 나를 부정하는 모든 상황은 불순물로 취급하고자 하오.

그대와 함께 바닷가를 거닐다가도 어쩐지 물결 소리가 마음에 안 들면 그 바닷가도 불순물로 설정하겠다는 뜻이오. 그대와 둘이서 바라보는 달빛도 내가 싫으면 나쁜 달빛이오.

이 독선은 스스로도 경계할 일이기도 하지만 그 이면에는 나를 거부하는 상황도 인정한다는 내심이 있는 거요. 상황이 나쁘면 나쁜 대로 이익도 있다는 뜻이지요. 우리가 대화로 느낌을 공유했던 새로운 경험도 불로소득이라고 말이오. 그대를 만난 사실이 고마울 따름이오.

그대가 들꽃처럼 외롭게 살아왔다면 나는 들개처럼 방랑하며 살았다고 볼 수 있소. 들풀이 정성으로 키워낸 들꽃의 매력을 고스란히 챙겨야겠소. 들개의 끈질긴 야성, 어떤 마력인지 그대는 알게 될 것이오.

玄武巖의 默示錄

울부짖는 파도는 바람의 저항
파고드는 바람은 바다의 갈등
폭풍우가 쏟아지는 바다에서
속죄하는 가슴으로 울어보았느냐
파도 속에 파묻혀도 바위는 바위
흰 피를 뿜어내는 파도에 찢기며
절망 속에서 몸부림쳐 보았느냐
바위는 물에 젖은 숯이 아니다
검게 빛나는 바위가
속울음 삼키며 섬을 지킨다
풍란이 자라고 개미가 모여 살고
물새들이 꿈꾸는 섬을 지킨다
때때로 자학하는 바람의 몸부림
통곡하는 겨울바다
저 깊고 깊은 바다 속을 어이 알리
저 넓고 넓은 바다 가슴 누가 알리
나는 바다의 아들
파도는 바람 앞에 쓰러지지만
다시 치솟는 파도는 바람을 이겨야 한다
흰 피를 흘리며 죽어가는 물결 위로
눈부신 햇살이 거듭나도록
섬은 바다를 지켜야 한다.

영탄시의 내재율은 음표를 그린다. 이 시는 낭송을 위하여 영탄으로 꾸몄다. 그러니까 이 시를 읽으면 파도의 몸부림이 보이고 바위가 발버둥치는 모습이 보인다. 그리고 시인은 눈물을 삼키면서 소리치고 있다. 바다가 소리치며 울 때, 죄 많은 인간은 충격을 받는다. 그래서 충격은 진실이다.

詩는 '환희로 시작하고 지혜로 마감하라.' 라는 명언이 있다. 환희로 시작하라는 말은 슬픔이나 비극도 가슴에서 터져 나오는 일종의 환희이기에, 아무리 저승이 좋다한들 개똥밭에 굴러도 주워 먹는 참외 맛은 기막히다는 의미가 함빡 담겨 있음이다.

대성통곡에도 호흡을 다듬는 절차가 있다. 눈물도 한숨도 다 살기 위하여 쏟아내는 상관매개물이 아니던가. 끼 많은 여자는 눈물을 무기로 활용할 줄 안다. 즉, 대상의 눈치를 보아가며 운다는 뜻이다. 천부적인 예비시인이라는 말이다. 격앙된 마음으로 떠오르는 시를 양떼구름에 수를 놓듯 일사천리로 좌판을 두드리고는 낭송하기 좋게 다듬었다. 영탄은 그대로 살리되 점층법으로 마음의 행로를 굴곡지게 꾸민 시다. 영탄시를 잘못 쓰면 넋두리가 된다. '하리, 하였으리라, 해야 한다, 차라리 멀리 가라.' 따위로 포장된 너스레 말이다.

울부짖는 파도는 바람의 저항
파고드는 바람은 바다의 갈등

폭풍우가 쏟아지는 바다에서
속죄하는 가슴으로 울어보았느냐

지난 6월에 제주도에서 '고훈식 전국 시낭송대회'를 개최하였을 때 참가자들 16명 중에 7명이 이 시를 낭송하였다. 그 중에는 영탄시와 영상시를 구별 없이 낭송하는 참가자도 더러 있어 안쓰러운 마음이었다.

대화를 주도적으로 할 때는 물음표를 많이 던져야 어떤 형태로든 답변을 하므로 다시 되묻는 형식으로 보다 나은 관계를 유지하게 된다. 문장에서는 느낌표를 활용하는 것도 적극적인 방법으로 비탄이나 절규를 통하여 상황의 급박함을 알리거나, 애원이나 호소를 염두에 둔 탄식은 청자로 하여금 공감대를 형성하게 하는 데 한몫을 한다.

가장 슬픈 것이 가장 철학적이고, 가장 즐거운 것이 신의 은총이라는 생각이다. 그래서 바닷가 사람들은 가장 서럽거나 기분 좋은 날, 바다를 즐겨 찾는다.

누구나 그러하듯이 마음에 드는 곳에서 마음에 드는 여자를 만나 더할 나위 없이 행복한 나날을 보내고 싶은 긍정적인 표현이 석양더러 바다에 지는 꽃이라고 말했던가.

정말이지 폭풍우 속에서 몸부림치는 파도의 율동과 신이 주신 해안 절경의 대비는 상상만으로도 감동의 물결을 이룬다.

물망초

–나의 분신이거든 영원히 나를 사랑해 주오

먼동이 트면서
멧새들의 깃털에 스며드는 햇살
야생 닭 홰치는 들리는 풀잎 위로
구름 그림자 흐르고
안개를 나붓나붓 풀어내는 미풍에
담쟁이도 산뜻한 새 옷을 입는다

봄은 생명을
아침은 희망을
산골 처녀에게 보랏빛 꿈을 주시오

달밤이면 달빛 비비며
강가에선 물새가 울고
처녀는 강변 통나무집에 살고
박쥐는 달빛이 두려워 동굴에 살고 있었지

아침이 되면 실뱀도 햇살로 몸을 씻고
제비가 암벽 틈에 둥지를 틀고
제비 새끼가 먹이를 기다리는 봄

모두 창문을 여십시오
살아 있는 생명들의 소망을 노래합시다

저기 바위 사이에서 떨어지는 물방울
이슬을 깨뜨리며 달아나는 다람쥐
버섯 주름을 펴는 안개 흔들며
나물 캐러 가는 처녀 옷에 스치는 풀냄새
나비들이 날개에 실핏줄을 그리는 동안
부엉이가 잠자고 있는 고목나무 아래엔
어느덧 눈부신 햇살로 밀려오는 꽃향기
처녀는 강 위로 치솟는 들새들의 소리에도
가슴이 울렁거린다

강물 무늬 잉어비늘에
푸른 이끼가 흔들리고
풀잎마다 강바람에 휘감겨
파랗게 물결무늬가 꽃잎처럼 춤출 때
굵은 나무 사이로 힘차게 다가오는 남자
칡넝쿨을 당기는 구릿빛 팔뚝
거칠게 들짐승을 쫓다가
강가에 엎드려 물을 마시고는
풀잎을 눕히며 사라지는 뒷모습
멀어지는 발자국 소리며

숲 속을 엿보는 처녀가 되고 싶다오
정을 나누고 싶거든 가까이 오시오

빗줄기 부서져 침엽마다 푸른 향기
돌과 바위틈에 흐르는 물줄기 따라
처녀는 성급하게 숲을 헤쳐 나오다가
아! 파란 눈의 그 남자를 만났다
빗물에 젖은 머리카락에 감기는 힘찬 음성
축축한 산울림에 구름도 머뭇거리는 수줍음
돌부리를 차며 강변을 향해 달리는 나에게
온몸이 사무치도록 휘어 감는 그 목소리
몰라요, 몰라요
비에 젖어 떨고 있는 멧새들의 숨결보다
가쁜 나의 숨결

떡갈나무 잎사귀여!
처녀를 숨겨 주렴

봄이 가니 어느덧 여름 가을도 가고
겨울 밤하늘에도 달이 뜬다
눈을 맞으며 날아가는 겨울 철새들
전부를 요구하고 전부를 허락하며

새하얀 눈의 나라에서
청보석 밀어가 꿈을 그린다

우리 손가락 호호 불고
원시림 사랑을 축복합시다

눈보라 지나간 자리마다
담쟁이 줄기도 바위를 감싸고
강 밑으로 흐르는 잔물소리
어디선가 태양의 비늘이 떨어지고
나뭇가지마다 물오르는 움직임
다람쥐도 나와서 먹이를 찾는다

사랑하는 둘이는 마주 보고 웃으며
사슴이 물 먹고 있는 저쪽 강변에
예쁘게 피어 있는 청보석 꽃을 보고
그녀는 말했어라
저 꽃을 꺾어 달라고…
사랑은 믿음 그 믿음에 복종하려고
꽃을 꺾고 헤엄쳐 오다가
급류에 휘말려 떠내려가면서
꽃을 던지고는 떨리는 목소리로 소리쳤다
영원히 나를 잊지 말아주오!

임의 몸을 부둥켜안아도
믿지 못할 운명이 더 괴로울 뿐
눈물이 흐르지 않게 위를 보고 울어도
임은 안타까운 추억만 남기고
어둠 저편으로 떠나버려
강바람 굽이굽이 그리움을 가슴에 담은들
별빛은 무심히 반짝거릴 뿐
겨울이 할퀴고 지나간 빈들엔
잔설에 시린 바람 소리 황량하다
울어라!
임의 싸늘한 맨발을 내 가슴 깊이 안고서
그리운 이름 목 놓아 부르리니

사랑하는 사람들이여,
이 아픔을 기도하여 줍시다

봄은 강변 풀잎에도 내려앉고
종달새 노래 들리는 산등에도
실안개 피어나 햇살이 눈부시다
새로 생긴 물무늬가 출렁이는 강물에
또다시 새들은 날아와 파닥이건만
생명을 잃어버린 사랑은
안타까운 이별로 울어야 하는

신의 노예입니까?
서로 원하여 얻은 우리의 기쁨
가슴속에 간직한 임은 아직도 날 사랑하고
날이 갈수록 맑은 임의 음성은
홀로 지새는 밤 강물 소리
자연은 변함없이 변하나 변함없는 내 사랑
새로운 세상에서 만나면 이 마음 달래주오
다시는 헤어질 수 없음을 맹세하며
임과 함께 있으리라
내 마음 깊은 곳 생명의 근원은 알 수 없지만
부디 사랑의 소원을 들어 주소서

사랑하는 사람들이여!
먼 훗날 물망초가 피어나며
날 잊지 말아 주오.

독일의 전설에 따르면, 옛날에 도나우강 가운데 있는 섬에서 자라는 이 꽃을 애인에게 꺾어주기 위해 한 청년이 그 섬까지 헤엄을 쳐서 갔다고 한다. 그런데 그 청년은 그 꽃을 꺾어 가지고 오다가 급류에 휘말리자 가지고 있던 꽃을 애인에게 던져 주고는 '나를 잊지 말라.'는 한마디를 남기고 사라졌다. 그녀는 사라진 애인을 생각하면서 일생 동안 그 꽃을 몸에 지니고 살았다. 그래서 꽃말이' 나를 잊지 마세요.'가 되었다. 그러나 푸른 낙엽처럼 가슴 아프게 죽고 말았다는 너무 짧은 사연이 안타까운 나는 이 청보석 같은 비극을 애도하며 장편시를 남겼다.

가을의 길손

가을도 외로우면 탄식하는가
그리움이 용암처럼 흘러내려
산정 단풍이 서릿발에 쓰러지는 낙엽이더니
들판은 갈바람에 흐느끼는 억새꽃 천지
눈물어린 내 얼굴에 부딪치는 서늘한 감촉
태양이 멀어진다고
등 시린 풀벌레 구슬피 울어
나도 투명한 가을이 되어버렸으니
능금이 저녁놀에 영글고
달밤에 포도가 무르익어
새벽마다 청둥오리 무리지어 날아가건만
애 터지게 만나야 할 사람 이제 없구나
독한 마음 먹고 속된 가을바람을 사랑하자
낙엽 따라 새벽하늘에
향을 사르는 들국화처럼
그토록 오래 피었다가
첫눈 내리면 길 떠나는 걸인이 되리.

남자는 양의 기운이 여름 내내 불타다가 음의 기운인 가을을 만나게 되면서 차가운 기혈인 금金 기운을 받게 되어 서서히 식어지기 때문에 점점 우울해진다.

가을을 타는 원인으로 호르몬과 일조량의 변화를 꼽는단다. 즉, 녹음이 푸르렀던 봄과 여름이 지나가고 낙엽 지는 가을이 되면 지나가는 한 해를 돌아보기 시작하는데 성취욕이 강한 남성들은 여성들보다 더 허무감을 피부로 느끼게 되면서 누군가에게 접근하고 싶거나 스스로 고독에 침몰하게 된다는 거다.

거기다가 중년의 남성인 경우 기대하는 일이 풀리지 않으면 자신의 한계를 체험하고 사회적으로나 가정에서 존재감을 잃어가면서 상대적 박탈감이 더 크다고 한다.

더하여 기온의 변화에 따른 생체리듬의 변화도 한 이유로 일조량이 줄어들고 기온이 낮아지면 항우울 효과가 있는 뇌의 갑상선 호르몬 대사가 줄어드는 대신 노에피네프린, 세로토닌, 가바(GABA)와 같이 정신적으로 차분하게 만드는 뇌의 신경전달물질의 분비가 증가한다. 때문에 가을이 되면 심신이 가라앉는 느낌이 커지게 되어 가을을 타는 현상이 발생하는데 이것도 일종의 우울증이기에 햇볕이 보약이라고 하지만 가난한 나는 돈이 보약이므로 해설이 마뜩지 않다.

나는 가을이 오면서 서서히 성욕이 떨어진다. 겨울이 오면 성욕도 겨울잠을 자는 수준이다. 여름 내내 나무마다 푸른 잎사귀 무성하고 꽃은 저마다 눈부시고 영그는 열매 또한 탱글탱글하기에 마음이 풍요로운데 가을 짙어가면서 어디론가 떠나려고 옷장에 모셔 두었던 나들이옷으로 갈아입은 단풍은 간이역에서 서성이는 길손으로 보여 마음이 울적해진다.

덩달아 하늘은 왜 이다지도 텅 빈 느낌인가. 여름 장마 때 소낙비로 엄청나게 물을 쏟아냈음이다. 그러다 보니 양떼구름은커녕 양털구름도 없어 폭격 맞은 것처럼 허공인데도 자위하느라고 하늘이 푸르고 높단다.

벌거벗은 나무들이 빈손 들고 떨고 있는 풍경을 바라보는 가을 남자는 무척 고독해진다. 거기다가 등에 녹는 서리는 왜 그리도 차가운지 먼 길 떠나는 청둥오리울음조차 가슴이 아프다. 등이 넓은 탓이다. 여자를 품어서 울음을 웃어야 할 사랑이 넘침이로다.

다시 가을. 나는 낙엽이 아니네. 익은 과일을 따먹으려고, 살진 물고기 잡아먹으려고 멀리서 날아온 후조이네. 그리움 구만 리 펼쳐 있는 하늘이기에 어쩔 수 없이 고독은 즐기지만 지혜를 키운다.

어제도 마냥 낙엽이 대성통곡하는 거리로 나섰다. 갈바람이 나하고 마주쳤다. 지나가야 하므로 어느 쪽인가는 비켜주어야 한다. 갈바람에게 질 수가 없어 그냥 지나치려고 했더니 가을바람이 내 패를 뚫고 인사도 없이 차갑게 지나간다. 가슴이 뚫린 나는 분노에 찬 얼굴로 가을바람을 노려보았다. 미안했던지 가을바람이 당황한 표정으로 속삭인다.

'터진 구멍은 詩로 메워. 아니면 여자를 품든지.'

모닥불

그대를 잊기 위하여
그대의 눈물을 요구하였고
그대의 피눈물을 보고 나서
뼈저리게 후회하였소
후회할수록 가슴이 무너져
무인도로 떠났소
모닥불을 피우고 파도소리에 잠기면서
깨무는 입술로 홀로 마시는 커피 한 잔
밤바람은 옷깃을 흔드는데
불꽃이 창백하오
차라리 정에 굶주린 박쥐가 되어
악마의 웃음소리라도 듣고 싶소
이대로 잊을 수 있게
미워하고 저주해 주오
견딜 수 없는 고통은
절대 없는 세상이라지만
등 돌리고 흐느끼는 세월
날이 새면 바람도 지쳐
바다는 다시 잔잔해지리라.

내가 쓰는 시어에 모닥불, 뼈저림, 무인도, 커피, 창백함, 저주 등, 그로데스크를 연상시키는 단어만으로도 시심이 출렁거리도록 한 폭의 풍경화를 그려내고 싶음은 상처입은 시인의 특권이다.

'상상이지만 전에 그랬듯이 가볍게 그녀의 몸을 만져본다. 내가 아프거나 안 아프거나 오직 나를 사랑하는 그녀. 나 또한 그녀의 몸이 오직 탐스러울 뿐이라서 이 세상에서 만난 그녀는 더할 수 없는 나의 축복이란 말인가?

촉촉한 그녀의 눈을 들여다본다. 그녀는 속삭인다. 엉큼한 눈길이라고. 온갖 고난에도 지지 않고 스스로를 지켜낸 저 눈빛, 그리고 해맑은 웃음, 착한 마음을 숨기기 위하여 스스로 저속한 말로 감추려는 눈치도 얼마나 사랑스러운지.

나는 그 여자의 남자이므로 그 값을 한다는 거다. 부당한 줄 알면서도 애써 소망하였으니 조금 아프게는 할지언정 미움받지는 않을 것이다.

이룰 수 없는 사랑일수록 사랑의 의미는 깊어진다. 역경을 애써 끌어안고 극복하려는 눈물겨운 노력이 미완성일수록 그만큼 고귀하다. 왜냐하면 완성은 당연한 결과에 불과하기에.

여자가 권태를 느낀다. 남자는 자존심에 금이 가는 것을 감지한다. 권태를 도와주려고 더 미운 짓을 하여 여자를 괴롭힌다. 눈물을 바라는 것이 아니고 여자에게 짐을 덜어주고 새로운 기회를 주려고 꾸미는 연극이다. 여자를 도와줄 힘이 없으면 차라리 버림받고 말겠다는, 견딜 수 없는 사랑으로 흐느껴본 사람만이 그윽한 눈매를 지닐 수 있다. 나도 음흉한 눈초리가 아닌 그런 눈매를 지니고 싶다.

세월이 흐르면 나도 영화 주인공처럼 저기 눈보라 휘날리는 설원을 홀로 걸어갈 것이다. 비록 엄동설한이라고 한들 내 뜻대로 살았으므로 나름의 발자국은 남겨야 하기에….'

이런 심정이라면 무인도라도 한번 다녀와야 되는 것 아닌가? 슬프지만 멋진 시를 쓰게 될 것이다. 하지만 난파선에서 표류하다가 외딴섬에 닿아서 안도한다 한들 들짐승 공격을 받을 수도 있고, 실족하여 중상을 입으면 도와줄 사람도 없어 그냥 몸부림치다 죽을 수도 있으니…. 그동안 즐겼던 사랑으로 쌓아올린 내공이 있으니 상상으로 시어와 전경을 설정한 것이다.

'파도소리에 잠기다가 모닥불을 피우고' 와' 모닥불을 피우고 파도소리에 잠기면서' 의 차이는 무엇일까? 파도소리에 잠기다가 모닥불을 피우면 미련마저도 잘라버린 새로운 마음의 상태가 되는 거고, 모닥불을 피웠는데도 파도소리에 마음을 빼앗겼다면 미련을 버리지 못하여 이별의 아픔을 되새김하는 상황으로 이어진다.

커피는 졸음을 막아주는 성분이 있기에 마음의 행로를 더

듣기에는 안성맞춤. 하지만 애달픈 사색으로 커피 맛도 찡그린 표정만큼이나 쓰라리겠지. 그래서 누군가가 곁에 있어주길 바라서 밤바람이 옷깃을 흔든다고 했고, 불꽃이 창백하다고 트집을 잡고 있는 것이다.

바람에 춤을 추며 활활거리는 불꽃에게 병든 자의 안색처럼 창백하다는 심술은 이별의 비장미를 도우려는 의도이다. 더하여 정에 굶주린 박쥐, 그것도 흡혈 박쥐. 악마의 웃음소리에 귀를 틀어막을 정도라면 저절로 그리움을 잊게 되리라는….

이제 이 시의 중요한 대목이 나온다. 견딜 수 없는 고통은 절대 없는 세상이라는 말, 어떤 형태로든 결말이 난다는 뜻이다. 해일이나 태풍이 연일 계속된다면 그건 미친 바다이지 바다의 본성이 아닌 것이다. 반드시 잔잔해진다는, 당분간은 세상과 등을 돌리고 산다거나 그런대로 견디고 있으면 다 지나가리라는, 죽음이거나 망각이거나 다른 대상을 찾는 보상심리 또한 고통의 방어기재이므로. 그래서 날이 새면 바다는 다시 감쪽같이 잔잔해진다는.

白紙

우우 강의 깊이
아아 강의 넓이
강 건너 갈대밭에서 아기가 운다
죽은 아기가 울면 머리가 깨질 것 같다
머리가 쑤실 때마다
달빛에 얼룩진 까마귀가 울고
굶주린 백지도 흐느낀다

사람을 죽이는 전쟁은 무서웠다
보초의 눈을 속이기 위하여
젖 달라고 보채는 너를 갈대밭에 버리고
우리는 강을 건너 탈출하였다

갈대밭에서 울던 바람이 창문을 두드린다
눈동자 없는 아기 얼굴이 왔다고
어서 오렴 배고프지?
손에 닿자 번지는 등불
아아 불꽃의 춤

우우 불꽃의 아픔
불바다 위에서 아기 얼굴에 피가 돈다
피가 돌면서 묘하게 웃는다
일그러진 까마귀

이튿날 아침
백지 위에 나뒹구는 해골 하나
그을린 활자를 옮기는 동안 눈물이 핑 돌았다.

이건 만화 속 상황이다. 전쟁이 발발하자 피난민은 우왕좌왕. 벌써 산천엔 눈보라가 휘날린다. 인민군은 강변을 중심으로 배치되어 있다. 철조망으로 강변을 둘렀고 띄엄띄엄 임시 막사를 치고 보초를 서고 있다.

부르주아적 악질분자로 찍힌 아버지는 이미 몸을 피했고 나머지 가족이 우여곡절을 겪으며 갈대밭까지는 잘 왔다. 강만 건너면 자유대한이다. 만화로 그린 내레이터에는 아버지가 환하게 웃는 모습으로 서울 어디에서 만나자는 표시가 선명하게 찍혀져 있다.

미리 알아 둔 지역은 물길이 낮아 무릎께 깊이로 다른 곳보다 갈대밭이 무성하다. 만화책에도 흑백이 있고 칼라가 있는데 그 당시에는 워낙에 물감이 귀해서 표지만 칼라였다. 물감이야 어찌되었든 간에 보초의 눈을 속여야만 무사히 강을 건널 수 있을 터인데 애기 업은 어머니와 일곱 살인 딸과 열 살인 아들이 어머니 곁에서 오들오들 떨고 있다.

보초가 점심 먹으러 가거나 소변을 보려고 뒤돌아서면 강을 건너가려고 기회를 엿보고 있다. 마침내 기회가 왔구나 싶어 앞으로 나가고 있는데 그만, 아기가 울음을 터뜨리고 말았다. 그것도 비명에 가까운 울음수리였다.

우우 강의 깊이
아아 강의 넓이

얼마나 강이 깊고 넓은지 경험해 보지 않고는 모른다. 하지만 일일이 현장에서 경험하면서 만화를 그리려면 몇 편이나 그리겠는가. 상상으로 땜질하는 수밖에. 시인도 입장은 비슷하다. 여기 음성모음인 우우는 강의 깊이를 암시는 압축시어이고, 양성모음 아아는 강의 넓이가 너무 넓어서 절망감으로 탄식하는 압축시어이다.

순간, 멀리서 보아도 보초가 아기 울음소리를 들었는지 이쪽을 향하여 움직이는 모습이 보였다. 이대로 다 붙잡혀 죽을 것인가,, 쉼표 두개를 차용하는 절박한 순간에 어머니는 아기를 갈대밭에 내려놓고 두려운 눈길로 미안한 마음을 추스르며 오누이만 양손에 잡고 반대쪽으로 돌아서 무사히 탈출에 성공한다. 그러나 잠깐, 성공했다는 표현이 어쩐지 야박스럽다. 도망을 갔다.

그러는 사이 환청인가, 아기 울음소리가 사기그릇 깨지듯 울음소리가 툭 그친다.

어머니의 힘이란 엊그제 신문에도 보도되었듯이 사고가 닥치면 비록 중증 장애아가 자식일지라도 살려내야 한다는 일념으로 자신의 목숨도 기꺼이 바치는 그런 자비의 화신인 것이다.

다른 만화책엔가, 또 다른 내용도 기억하고 있다. 피난 도중에 눈보라가 퍼부어서 도무지 앞길을 헤쳐 나갈 수 없게 되자 어머니는 자신의 윗도리 외투와 내의까지 몽땅 벗고는 치마 속에 어린 남매를 품는다. 지나가던 피난민이 발견하였을 때는 이미 어머니는 상체 알몸인 채로 얼어 죽었지만 다행히 남매는 목숨을 건졌다는 거다. 지금 생각해도 가슴이 짠하다.

아무튼 무사히 강을 건넜고 아버지와 재회를 한다. 막내를 버린 정황을 다 듣고 난 아버지가 허공을 바라보며 눈물을 뿌리는 모습을 만화가는 크게 클로즈업시켰다.

하지만 어머니는 불쌍한 생명을 버렸다는 죄의식이 깊어져 날이 갈수록 환청에 시달리기 시작한다. 수단방법을 가리지 않는 시인의 특성상, 그런 계기를 기회로 활용하는 나는 시가 이끄는 대로 서서히 환상의 세계로 빠져든다.

죽은 아기가 울면
달빛에 얼룩진 까마귀가 울고
굶주린 백지도 흐느낀다

굶주린 백지란 시를 발아시키고 싶은 시인의 마음 상태이다. 만화가 어떻게 흘러갈지라도 시의 비장미를 위해선 어머니를 희생시켜야만 했다.

눈동자 없는 아기더러 어서 오라고, 그동안 많이 배고팠을 거라며 젖을 주겠다고 베개를 품에 안던 순간, 등잔이 쓰러져 이불에 불이 붙은 줄도 모른 채 젖을 꺼내는 어머니의 미친 표정. 성장한 오누이가 연락을 받고 밤늦게 달려왔지만 불꽃을 바라보며 발만 동동 구를 뿐이다.

아아 불꽃의 춤
우우 불꽃의 아픔

양성모음으로 번지는 불바다, 음성모음으로 타들어가는 미친 어머니의 고통. 피가 돌면서 묘하게 웃는다는 표현은 화마로 목숨을 잃었다는 암시이다.

제목이 白紙인 것은 잿더미만 남은 화재의 현장에 설마 잿더미만 남았겠냐고 시인은 야비하리만치 정황을 헤집는다.

이튿날 아침
백지 위에 나뒹구는 해골 하나
그을린 활자를 옮기는 동안 눈물이 핑 돌았다.

거기서 찾아낸 것이 불에 탄 어머니의 유골. 다시 말하자면 갈등과 고뇌와 미혹을 헤매던 영혼이 몸을 의탁한 곳이 침묵의 백지이다. 그렇게 어머니를 잃었지만 나머지 가족은 서울에서 잘 살고 있다. 그림으로 봐도 아버지가 으리으리한 저택에 며느리랑 사위랑 나란히 서서 웃는 모습으로 표출되었다.

한편, 만화에는 한편이라는 대목이 자주 나온다.

그 당시 갈대밭에서 아기 울음소리를 듣고 총을 겨눈 채 다가갔던 보초는 유인작전에 속았음을 알고 성질이 나서 아기를 발로 짓밟는다. 순간, 아기의 보자기 속에서 무엇인가 나온다. 보았더니 임시 통행증 비슷한 신원서류와 금괴가 몇 개. 황금에 마음이 바뀐 보초는 금괴는 나중에 가져가려고 잘 숨겨 두고 아기를 들고 초소로 돌아온다.

며칠이 지나 후방으로 전출을 받은 그 인민군은 아기를 업고 다녔는데 중공군 고급 장교의 눈에 띄어 조사를 받는 과정에서 신원서류만 있다고 거짓 자백을 한다.

아기는 중공군 장교가 양자로 삼는다.

세월이 흘러 그 아기가 성인 된 모습으로 그려지는데 중공군 장교가 되었다. 특등사수이긴 하지만 꼽추에 오토바이 마니아다. 자신의 신원을 역행 추적한 결과, 나머지 가족이 서울에서 살고 있음을 알게 되어 스파이로 잠입, 복수의 칼을 간다.

태풍이 몰아치는 어느 여름밤, 거리엔 사람이 없다. 느닷없이 서울 한복판에서 총소리가 정적을 깨뜨려야 하는데 태풍 속에서도 총성이 요란하다. 잠시 뒤에 오토바이 한 대가 굉음을 내며 어디론가 사라진다.

기관단총을 겨눈 꼽추 앞에는 이미 늙어버린 아버지, 형과 누나, 그리고 나머지 식구들…. 하지만 형과 누나만 벽에 서게 하고는 자신이 막내라는 것을 밝히고 왜 자신을 버렸는지 묻는다.

누나가 불안에 떨면서도 자초지종을 이야기한다. 막내를 그리워하다가 정신착란으로 시달리던 어머니는 그만 불에 타 죽고 말았다는 사실을 전한다.

증오의 눈으로 눈물을 흘리는 꼽추. 입술을 깨물더니 벽을 향하여 기관단총을 난사한다. 하지만 형과 누나가 서 있는 벽에 반원을 그린 총알 자국만을 만화가는 클로즈업시킨 컷으로 상황을 종료한다. 그때 당시 얼마나 감동을 먹었는지 끝 자 양쪽에 -끝-이라는 표시가 지금도 뇌리에 선하다.

이제부터는 사족이지만 55년 전의 일로 이 만화를 그린 화가는 '김종래'로 기억하고 있다.

그 당시 만화가로는 박기당과 서정철도 있다.

나는 김종래를 가장 존경했는데 그의 만화 중에 〈눈물의 별밤〉, 〈복수의 칼〉, 〈눈물의 수평선〉, 〈엄마 찾아 삼만 리〉를 아직도 잊지 못한다.

포화 속 파편에 눈을 잃은 주인공이 다리를 잘린 동료병사를 업고 적진에서 탈출하는 명장면과 야전병원에서 사랑하는 여자, 향순이를 만나고는 설마 간호원이 애인이겠냐는 체념으로 어디선가 많이 듣던 목소리라는 말에 향순이는, 그럴 리가 있냐며 웃음으로 받아 넘기는 대목에선 초등학생인 나도 소리 내어 울고 말았다. 절대 안정이 필요한 시점이라서 신분을 속일 수밖에 없었다는 내레이터가 있었다.

아마도 이 만화는 〈눈물의 수평선〉인 것 같다. 만화수집가를 통하면 이제라도 만화가의 모습과 만화를 만날 수가 있을까?

컴퓨터로 조회를 했다. 놀랍고도 반갑게 저자의 모습을 만나는 기쁨을 누렸다. 김종래(金鍾來 1927~2001)는 한국의 전통 극화를 개척한 만화가로 주로 동양화에 바탕을 둔 전형적인 삽화 체의 그림으로 독특한 작품세계를 구축하였다. 여러 주제를 다루었고 일본 만화 풍이 팽배해 있던 초기 한국만화계에 독창적인 예술성을 도입하여 만화의 수준을 한 단계 올려놓은 선구자이다.

이 시의 모티브는 '복수의 칼'이었을까? 하도 오래되어서 더러는 내 마음대로 줄거리를 바꾸었지만 만화가가 의도한 범주에서 크게 이탈하지는 않았을 것이다.

분명한 것은 유아기를 지나면서 소년기가 형성되는 과정에 뇌는 특별한 능력을 감지한다. 성장 통으로 겪어야 할 미지에 대한 불안이 방어기제로 바뀌는데 그것은 상상으로 대처하는 잠재력이다. 달리 말하면 예비능력이라고 하는데 나는 만화에서 시를 쓰게 된 행운을 얻었다.

4장

그리운 세월
희비쌍곡선

화가 천경자의 어록

장미처럼 완전에 가까운 아름다움을
붓으로 그리기가 무척이나 두렵더라

꺾어다가 화병에 꽂아놓고 그리는데
죽어 가는 장미가 숨소리를 내는 거야
가련하고 죄송해서 더 눈부시게 그렸지

하늘엔 별이나 해와 달도 아름답지만
내가 가장 좋아하는 것은 무지개였어
일곱 가지 뱀이 층층이 드러 누워서
현란한 빛을 뿜어내고 있다는 생각에
너무 황홀한 나머지 미칠 지경이었지

사랑이 깊으면 외로움도 그만큼 깊어서
꿈이 넘치는 내 길은 눈부신 하늘이었지.

긴 머리 여인이 뱀을 머리에 이고, 그것도 몇 마리가 두상을 감은 채 서로 똬리를 틀고 혀를 날름거리고 있는데 정작 여인은 샛노란 눈빛을 뿜어내며 먼 곳을 응시하고 있다.

봄이면 고향의 풍경인 듯 무성한 등나무 줄기에서 주렁주렁 매달려 피어나는 보랏빛 등꽃 화관을 쓴 여인도 침묵으로 승화된 또 하나의 예술 속에서 그 오묘함을 뿜어내고 있다.

소설가 박경리의 〈千鏡子〉라는 시의 후반부에 '꿈은 화폭에 있고 시름은 담배에 있고 용기 있는 자유주의자로는 정직하게 산다.' 고 했지만 좀 고약한 예술가라고 매듭을 지었다.

천경자는 1924년 11월 11일 전남 고흥에서 부친 천성욱과 모친 박운아의 1남 2녀 중 장녀로 태어났으며 1940년 동경여자미술전문학교(지금의 동경여자미술대학)에 진학하였다.

유학 시절, 첫 남편 '이철식' 을 만나게 되어 결혼을 하지만(1944) 결혼은 얼마 못 가 파경에 이르렀고 이후 6·25 전란으로 인해 인연마저 끊어지고 만다.

천경자의 그림은 그 자신의 생활감정을 포함하여 자연의 아름다움, 생명의 신비, 인간의 내면세계, 문학적인 사유의 세계 등 폭넓은 영역을 포괄한다.

여자 피카소라고나 할까. 색채로 읊조린 시풍詩風인가, 그녀의 그림에서 꽃과 여인은 아름다움 그 자체이면서 한편으로는 여러 가지 상징성을 내포한다.

일상적인 생활 감정뿐만 아니라, 속내를 은유적이고 암시적으로 표현하는 상징적인 메시지를 내포하고 있다. 이는 자신이 묘사한 여인들을 통해 새로운 유형의 '생명체'를 그려왔으며, 여행을 통해 제작한 '풍물화'엔 미지의 꿈과 여행의 감흥을 되살린 작가만의 고집스런 화풍으로 완벽에 가까운 채색작업을 통해 자신의 영역을 구축하였다.

거의 모든 작품에서 천경자는 자신의 삶과 꿈, 환상, 동경의 세계를 표현하고 있다. 이렇듯 작품에 드러나는 특유의 문학적 감수성과 서정성은 자신의 삶의 경험을 환상으로 빚어낸 감성이라고 할 수 있는데, 천경자 자신은 이러한 체험을 '한恨'이라 표현한다.

나는 천경자 화가를 직접 뵙지는 못했다. 다만 마음에 드는 그림이라서 생각날 때마다 시심이 우러나오기에 허공을 바라보는 나그네처럼 고심하였으나 마침 TV에서 화가 소개가 있어 눈여겨보았고 귀담아 들어서 화가 천경자의 어록을 시로 형상화했을 뿐이다.

사랑이 깊으면 외로움도 그만큼 깊다는 그의 고백엔 물방개가 잣는 물무늬가 번지다가 뜬 쌍무지개처럼 그윽하게 넘실거린다.

烏瞰圖 第一號 鳥瞰 (오감도 제1호 조감)

-까마귀가 바라보는 詩의 세계

태생의 모든 동물 자리 12간지 이외의 남은 숫자
불길한 13.
13개의 아기씨(兒孩)가 위험한 도로를 질주한다
(길이 막힌 골목이면 뚫고 지나가야 한다.)
그 중 어느 아기씨가 무섭다고 하자
다른 아기씨도 무섭다고 했고
또 다른 아기씨 모두 무서워하기 시작했다
(오로지 무서움만이 존재하는 것이 어설픈 안식보다는 나았소.)
최악의 운명에 처한 13개의 아기씨
수억 정충 속에 하나의 정충만 선택하는 막다른 자궁벽
누가 목숨을 건지게 될지 아무도 모르는 죽음의 질주
(한 마리도 선택되지 않는 편이 차라리 나았소.)
모두 위험한 도로를 질주하는 가련한 정충이라
13개의 아기씨 중에 두 마리만 살아남는다 해도
무서움을 떨칠 수는 없소
(또한 무서움뿐이라고 해도 어쩔 수 없소.)
드디어 무서운 아기씨와 무서워하는 아기씨로 결정되었으므로
질은 열려 있어도 좋소
(수억 마리 정충이 질 속을 달리지 아니하여도 좋소.)

1910년 태어나 1937년에 27세의 나이로 죽은 천재 이상은 〈烏瞰圖〉라는 제목으로 시를 연재했다. 〈오감도〉라는 제목은 까마귀가 내려다보는 풍경을 뜻한다. 여기서 까마귀는 저승사자이다.

데생을 잘 그리고, 건축공학도로서도 발군의 실력을 발휘, 〈오감도〉를 신문에 연재할 만큼 시인으로서도 비난과 추앙을 집중적으로 받을 만큼 대단했다. 하지만 폐결핵 말기 환자가 되어 시한부 청춘을 시시각각 눈금을 재듯 절대고독에서 몸부림을 쳤다는 사실의 상상만으로도 기가 막힌다.

방안에 있는 것은 그냥 펼쳐진 이불, 담뱃값으로 쓸 은화 한 닢, 불쑥불쑥 거울 속에 되비치는 파리한 얼굴, 거울은 먼저 웃지 않는다고, 오죽하면 죽기밖에 더하겠느냐고, 죽음이 두려워서 말을 더듬는다는 다다이즘이라는 문예사조에 매달렸을 것인가.

문단의 이단아, 문단의 기린아, 요절한 전채 李籍에 대하여 나도 남 못지않게 관심이 많다. 나름으로는 〈오감도〉의 블랙박스를 해독했다.

여기서 나오는 13인의 아해(=아이)는 불길한 숫자 '13일의 금요일'이라든가 조선 13도 '분단 전의 우리나라-일제강점기였음'를 의미한다는 시평도 있지만 어떤 정자도 태반을 형성하여 나중에 태아로 세상으로 나오지 못하면 12간지 중에 어느 간지도 받을 수 없다.

〈오감도〉는 李箱을 제외하고는 다들 독자의 입장이기에 편견이다. 거기다가 13명의 아이들 중 무서운 아이가 섞여 있지만 누군지 모르기 때문에 막연한 공포에 질려 달린다는 내용도 심도 있게 추리해 봐야 한다.

다만 느낌이 '길은막다른골목이적당하오.'가 '길은뚫린골목이라도적당하오.'로 바뀌는 과정에서 섬뜩하리만치 공포감이 극에 달했다는 소감은 긍정한다.

시인이 사용한 아해兒孩는 아기씨를 의미한다. 더 자세히 말하면 정자다. 막다른 골목은 황체가 있는 자궁 벽. 여기서 도로는 질이다.

수억 마리 정자 중에 어느 정자만 살아남는지, 그 질주는 첨예하고도 비장하다. 핵도 발아하면 가공할 폭발을 일으키듯이, 아기씨도 수태가 되면 새로운 인간으로 출현하는 거다.

죽은 자와 산 자가 결정되면 평온한 일상이 되듯이 선택받지 못한 정자는 뚫린 골목길에서 서서히 눈을 감는다. 그래서 나의 편견은 모방 시가 되었다.

모방模倣 시詩도 사이비似而非 시詩다.

사이비는 위선이므로 사람들로 하여금 시를 멀리하게 만드는 원인이 되므로 이런 얌체 시인은 마땅히 필을 꺾어야 양심적인데, 시인이라는 관형사가 우아해서, 또는 자신이 쓴 시가 대단한 저질인 줄 몰라서 폼 잡는 시인이 많아 문제다.

그나마 다행인 것은 시가 있거나 없거나, 세상사는 데 큰 불편이 없다는 사실이다. 이런 풍토에서도 멋진 시는 태어나기에 얼마 되지 않은 독자를 잃을까 두렵다.

사이비 시의 유형 몇 가지를 보자.

자, 시뻘건 불, 비가 오렴, 바람을 동반하고 불길은 타올라
결국, 그렇지 최후에는 기차 기적 소리가 멀어져가고, 사창
가 불빛이 눈부신 유리관처럼 붉게, 오오오! 벽을 휘감는 문
어의 빨판, 비는 예언처럼 왔다.
나를 위하여 지구가 멸망할 날이 온다.
내가 없는 생일잔치. 나를 꿈에서 만날까?

– 〈내 주민등록증에 다른 사람의 사진이 붙어 있을 때〉 일부

이런 종류의 시는 '내 마음 편한 대로 시' 라고 말할 수 있다.

시뻘건 불, 비, 최후, 기차 기적 소리, 사창가, 벽, 문어, 지구 등등 본인 마음대로 단어를 연결하여 그럴듯하게 시의 형태를 도용한 견본이다.

모가지를 허공에 던져 놓고
이브의 늑골에 걸린 달은

피맺힌 해골
광활한 우주의 화신인 양
껄껄 웃다가 피를 토하고 절명하면
무중력 상태로 떠다니던 행성은
영혼의 집을 짓고
용광로의 불꽃처럼
장엄한 최후를 맞이한다.

-〈宇宙列車 38〉 일부

천문학에 대한 지식이 대단한 것처럼 가식하고, 전율에 넘치는 감동이 있는 것처럼 보이려고 겁나는 단어를 무지막지하게 차용한 이 시는 '과대망상증 시'의 유형이다.

태양
녹
슬
어
공기가 서늘하다

낮잠에 취하여
지난여름을 꿈꾸면

파란 나뭇잎들이
혈색을 잃고
단풍이 되면

세상은 온통
새옷을 갈아입는다.

–〈어느 계절의 비망록〉 전부

이 시는 '여름이 가면 가을이 오는 사실'을 전하는 '쓰나마나 한 시'로 지극히 단순한 내용이므로 시를 쓰지 않는 사람도 다 아는 상식을 무슨 대단한 발견인 양 시로 꾸며낸 무식의 폭로라고 할 정도이다.

그리운 그대
꽃보다 아름답구나
사람은 착해야 세상이 보인다며
슬픈 사람은 돌보고
남의 기쁨에도 미소가 넘치는
그리운 그대
태양보다도 고귀하여라.

–〈사랑의 조건〉 일부

사람은 진선미眞善美와 지덕체智德體를 지녀야 한다는 즉, 착해야 하고, 어질어야 하고, 아름다우면 좋고, 알아야 하며, 너그러워야 하며, 건강해야 한다는 너무도 당연한 공자님 말씀을 시로 썼는데, 이런 '당연한 말씀의 시'는 구태여 시로 쓰지 않아도 될 수고를 저지른 거다

가라!
저 벌판 넘어 꿈의 세상으로 떠나가라.
나는 버림받은 땅에서 태어나서
탯줄도 땅속 깊이 파묻지 못하고
들개에게 먹히고 말았느니라.
비운을 맞이한 내 혈족은
몰살당하고, 집은 불태워졌느니라.
그때 죽어야 할 목숨이
전생의 끈질긴 인연으로 하여
떠돌이 30년 만에
원통하게 병들어 죽어야 하느니,
허리 꺾인 나의 유언은
차라리 증오와 자학의 몸부림
오오! 가라. 가서 다시는 오지 마라.

– 〈버림받은 천사〉 전부

가라! 오오! 하옵소서, 하느니 식으로 남을 유혹하는 말투로 자신의 얕은 시심을 감추려는 '멀쩡한 몸부림 충동 시' 도 많다. 이 시는 (시라고 하기엔 부끄럽지만) 괜히 목소리를 높여서 선동하는 말투와, 마침표를 왜 찍어야 하는지도 모르면서 자신의 출생이나 인생 역정을 엄청나게 비극적으로 과장하여 독자의 관심을 끌어보려는 저의가 숨어 있다. 누가 울면 왜 우는지 관심을 갖는 것이 인지상정이므로 이런 스타일도 가끔 차용하는 방법이긴 하지만 내용에 타당성이 있어야 하거늘 비극적인 상황만 과장되게 전개한 일종의 사기꾼 시다.

모방 시와 사이비 시가 창궐할수록 자존을 지닌 시인들은 난해難解 詩의 진면목을 위하여 명예와 양심을 건다.

여기, 오감도의 진면목을 보라.

〈오감도(烏瞰圖)〉- 李箱

13인의아해가도로로질주하오.

(길은막다른골목이적당하오.)

제1의아해가무섭다고그리오.

제2의아해가무섭다고그리오.

제3의아해가무섭다고그리오.

제4의아해가무섭다고그리오.

제5의아해가무섭다고그리오.
제6의아해가무섭다고그리오.
제7의아해가무섭다고그리오.
제8의아해가무섭다고그리오.
제9의아해가무섭다고그리오.
제10의아해가무섭다고그리오.
제11의아해가무섭다고그리오.
제12의아해가무섭다고그리오.
제13의아해가무섭다고그리오.
13안의아해는무서운아해와
무서워하는아해와그렇게뿐이모였소.
(다른사정은없는것이차라리나았소.)
그중에1인의아해가무서운아해라도좋소.
그중에2인의아해가무서운아해라도좋소.
그중에2인의아해가무서워하는아해라도좋소.
그중에1인의아해가무서워하는아해라도좋소.
(길은뚫린골목이라도적당하오.)
13인의아해가도로로질주하지아니하여도좋소.

길 없는 길

강 상류에서 천연복숭아 떠내려 온다
살아있는 귀신이 휘청휘청 걸어간다
땀을 씻는 젊은이 등 뒤에서 말을 건다
노형, 길이 있습니까? 같이 갑시다.

작고하신 草友 張敦植 어르신은 나의 文友이시다.

우연히 칠 년 전에 강원도에 문학 행사를 참관하러 갔다가 문학을 통하여 친분을 쌓게 되었는데 제주도에서 겨울나기를 해야만 뇌졸중을 예방할 수 있다 하여 나를 친구삼고 해마다 제주도에 오셨다.

둘이서 제주관광지를 두루 섭렵하였고, 갈치 고등어 자리물회, 한치, 밀감, 송퀴, 돗궤기, 말고기, 꿩엿, 오메기술 등, 안 먹어본 것이 없고, 목욕도 같이 다녔다. 탕 밖에 서서 때미는 모습을 엿보곤 했는데 구순을 바라보는 나이 답지 않게 떡 벌어진 어깨와 단단한 팔뚝에 기가 질릴 정도이다.

스스로 '잔몸밟기' 라는 생활신조를 만들고는 밥 짓기, 빨래하기. 청소하기, 시장보기, 컴퓨터 다루기 등 모든 행동을 남의 도움 없이 직접 해치우는 실천으로 천연진주보다 빛나는 글을 쓰신 수필의 대가이시다. 감히 대가라고 한 것은 이분의 수필집 《빈산엔 노랑꽃》을 직접 읽어보면 안다.

나에게 이르기를 종교에서도 자유롭고, 돈에도 자유롭고, 권력에도 자유롭고, 자손에게도 자유롭고, 시간에도 자유롭고, 죽음에도 무척 자유롭다고 껄껄 웃으시고는 '공자는 80을 못 넘겼으니 나보다 한 수 아래겠지.' 라고 농담도 곁들이시곤 했다.

몇 년 전에 전기누전으로 어르신의 보금자리인 치악산 별장이 전소하는 불행을 겪었다. 미발표 작품, 일기장, 골동품, 사진, 서적, 가구와 귀중품 등 어르신의 문학관 설립을 위한 귀한 자료들이 송두리째 사라져버려 애석함을 금할 길 없었다. 그 사건으로 인해 어르신은 수필집을, 나는 시집을 발간하여 제주도에서 동반 출판기념회를 열 계획이 무산되고 말았다.

그때 낭송할 시 〈길 없는 길〉은 이십여 년을 뛰어넘는 문우에 대한 존경심과 경외감을 바탕에 깔고 썼다. 이 피안彼岸을 떠나면 만나게 되는 차안此岸. 쉽게 갈 수 없는 머나먼 상류에서 천연복숭아가 간간이 떠내려 오는 걸로 보아 정녕 인간의 고뇌를 감싸줄 무릉도원이 있다고 상상해 보았다. 그곳은 천연복숭아 무르익어도 딸 사람이 없는 세계인 것이다.

뜻이 있는 곳에 길이 있다고 믿었기에 한곳을 정진하여 어느 경지에 이르면 절로 도구가 되어 쓰임새가 숙명적이라는 지론으로 어르신은 늙을수록 예술혼을 불태우고 있어 살아 있는 귀신으로 우러르고 싶은 내 마음이 그분의 걸음을 '휘청휘청'이라고 표현하였다. 관록의 '모닥불수필동인'의 제주도 모임에서 나도 동참하고 이 시를 발표하였는데 작품평가를 받을 때, 다른 의태어를 쓰라고 지적을 받았지만 거부할 의사가 있었기에 어물쩍 넘어갔다.

회고해 보면 고령의 나이임에도 낭만적인 여행을 다닐 만큼 정정함이 눈부신 삶의 실천을 보는 것 같아 '흥청망청'을 절제한 걸음걸이로 고집해서 고치지 않았음이 스스로에게도 대견하다 이르고 싶다.

자신이 믿는 종교의 원로로서, 사회를 대하는 선지자로서, 문학을 위하여 역작을 쓰시려는 노작가의 열정이 마냥 부러운 나는 어떻게 수필을 써야 하는지를 자주 질문하곤 하였다. 노인이 가야 하는 길은 오직 하나의 길, 신이 주신 길뿐이라는 생각에 제목을 〈길 없는 길〉이라고 정했으니 어르신과의 추억이 꿈만 같다. 자선과 관용을 염두에 두시고 절약을 실천하셨는데 포장지 이면에도 귀한 수필을 메모하시던 모습이 지금도 눈앞에 선하다.

이제 인생의 모든 짐을 내려놓고 편히 주무시고 계실까. 문학을 통하여 나의 미래를 보여주신 인생의 대선배. 때가 되면 나도 길 없는 길로 나서겠지만 어르신의 뒤를 찾아가면 땀에 젖은 인생의 의미를 알 것만 같다.

인생은 영화처럼

영화의 한 장면으로
고즈넉한 풍경이 펼쳐지면서
영상이 겹쳐지는데
젊고 아름다운 여인이
물결치는 바닷가를 거닐고
붉은 노을을 바라보며 웃다가
노래하며 멀어져가자
그 하늘엔 이름 없는 별이 떴다.

한밤중에 슬그머니 일어나서 음악을 듣거나 시를 쓰는 것도 남이 모르는 즐거움이다.

인터넷 검색을 하였더니 '큰 별이 또 졌다. 팝디바 휘트니 휴스턴(48)이 11일 유명을 달리하다.' 라고 나와 있다.

2012년 2월 11일 오후 3시 43분(미국 시간) 재난신고를 받고 출동한 긴급구조팀은 휘트니 휴스턴이 묵었던 LA 베버리 힐튼 호텔 4층 객실에 도착해 심폐소생술을 실시했으나 오후 3시 55분 그녀가 사망했다고 공식 발표했다.

현지 경찰은 휴스턴의 사망 원인으로 약물 남용을 의심한다고 밝혔는데 코카인, 마리화나 같은 약물은 휴스턴의 인생을 망가뜨린 주범으로 오랫동안 재활원 출입과 재생 의지에도 불구하고 그녀는 끝내 약물로부터 자유롭지 못했다고 한다.

부와 영예와 명성을 거머쥔 최고의 가수가 무엇이 아쉬워서 마약 중독자가 되었단 말인가. 그녀의 영상을 열고 열창하는 장면을 눈여겨보았다. 휴스턴은 1985년 데뷔하여 5년여를 전 세계에서 휘트니 휴스턴의 노래가 안 울려 퍼진 곳이 없었다. 1992년 빈 코스트너와 열연했던 〈보디가드〉 때가 그녀 생의 정점이었다. 그 당시 나도 40대 중반 한창으로 그 영화를 보고 그녀의 육감적인 모습과 노래에 매료되었던 기억이 새롭다.

비록 동영상이지만 팽팽한 젖가슴, 탱탱한 히프, 매끄러운 쇄골언저리, 짙푸른 눈자위 화장으로 돋보이는 깊고 그윽한 눈동자, 탄력이 넘칠 듯 근육질의 허리, 큰 입에 하얀 치아. 그리고 나보다도 더 큰 키, 흑인이면서도 피부색이 밝은, 숱이 많아도 반 곱슬머리 또한 유별나게 아름답다.

노래 또한 끝내주었다. 흐느끼는 색소폰보다도 더 호소력이 짙은 음색, 회오리바람보다도 더 높은 음역, 영어에 상당히 무식한 내가 'I Will Always Love. You'를 나는 한결같이 당신을 사랑한다는 말이라고 짐작하고 스스로 감동을 먹곤 했었다. 정말이지 바람 먹은 억새가 흔들리는 것을 보고 영혼의 흐느낌이라고 표현한 시처럼.

하지만 팝디바의 영광은 상승보다 추락이 빨랐다.

휴스턴은 만개했던 꽃이 시나브로 지는 것보다 가빠르게 망가졌다고 기사는 쓰고 있다. 살찐 마약 중독자의 추해진 몰골을 한 휴스턴 사진이 처음 파파라치에 의해 공개된 이후 전 남편 바비 브라운과 이혼하고 파산한 2007년까지, 약물은 휴스턴의 사랑과 가족, 성대까지도 빼앗아 가고 말아 더 이상 예전 같은 천상의 목소리는 나오지 않았다.

그래도 2010년에는 재기를 했고, 휘트니 휴스턴의 오랜 멘토인 클라 이브 데이비스는 '휴스턴은 다가오는 토요일 저녁 연례 콘서트를 가질 예정이었다.'며 그녀의 죽음에 힘겨워했다는 보도이다.

휘트니 휴스턴은 2010년까지 에미상 2회, 그래미상 6회, 빌보드 뮤직 어워드 16회 수상 등 총 415번의 상을 받아 세계에서 가장 많은 상을 받은 여성가수로 기네스북에 오른 슈퍼스타이다.

상을 많이 받음이 비록 외경이라 한들, 아까운 나이에 세상을 버렸으니 얼마나 서러운가.

그래서 인생은 영화 한 장면인가, 이제 나도 노인 반열에 들었단 말인가. 마음은 아직도 한 여인의 보디가드가 되고 싶은데.

석부작 박물관

길이 길손의 집이듯 풀도 시절에 기대어 뿌리를 내린다
길손이 길에서 사색과 산책으로 무릉도원을 노래하면
바위에 깃을 치는 이끼도 내일 흐를 구름을 기다린다
흙이 만든 품안에서 씨앗이 줄기를 내밀고 잎을 내고
꽃피우고 열매를 키우는 것이 세상 살아가는 법이니
인간이 숲을 나왔을 때 비로소 섬이 보여 배를 짓고
수평선 너머 풍요를 실어 보낸 것처럼 돌을 만난 인연
식물인 이끼거나 풀이거나 나무라 해도 정을 쏟으면
마음속에 그리던 제주도 풍광을 여기서 만나게 되리라.

예술의 섬으로 착각할 만큼 제주도다운 풍경이 살아있는 가파도 행사에 참석하였다가 석부작박물관장과 인사를 나누게 되었다. 대충 명성은 듣고 윤곽을 익히고 있었기에 첫 대면에도 반가웠다.

가파도 전체를 시집으로 담아낸 입장이라 뿌듯한 마음으로 시집을 선물했음은 물론이다. 시를 몇 편 읽어보시더니 그 자리에서 〈석부작박물관〉 제목으로 시를 써달라는 청탁을 받았다. 석부작박물관의 아름다움은 어느 정도 알고 있었기에 단박에 수락하였다. 어느 정도만 알아서는 안 되기에 며칠 후, 석부작박물관을 방문하였다.

자연의 아름다움을 땀의 노고로 발현한 심성의 조화에 기가 막혔다. 어떻게 이토록 예술적 가치를 소유하고 있는지 시만 쓰는 나로서는 어안이 벙벙할 따름이었다.

우선 석부작박물관 뮤직홀 안내를 받았다. 시를 받으면 대리석에 시비로 세운다는 거다.

내가 처음 쓰는 말이지만 시비詩碑도 비석碑石이기에 시석詩石이라고 말을 바꾸자고 농담을 하면서 뮤직홀을 둘러보았다. 옛날에 귀하게 들었던 노래가 1,000권이나 넘는 LP판으로 소장하고 있다. 수필가이면서 음악에도 일가견을 지니고 있어 부러웠다. 앰프 시설도 고급이라 시낭송하기에도 적합한 장소였다. 기회가 닿으면 시낭송 대회도 하고 싶다는 제안도 했다.

'석부작 박물관'은 용암의 신비를 담은 예술 정원이다. 서귀포시 호근동에 위치하고 있으며 홈페이지는 http://www.seokbujak.com이고 전화는 064)739-5588이다.

한라산 화산활동이 낳은 제주 현무암은 제주인에게 척박함과 투박함, 그리고 제주인의 애환을 상징하고 있다. 석부작박물관은 제주의 자연석을 인고와 정열을 다하여 진정 제주도의 돌을 식물의 둥지로 삼아 보물로 승화시켰다.

가장 제주다운 관광명소가 되기 위한 공력으로 8,000여 평의 실외 석부작 전시장과 2,000여 평의 실내전시관에 1만 5천여 점의 석부작이 전시되어 자랑스럽다. 특히 야외전시장에는 우리나라에서 사라져가는 희귀 야생초 300여 종, 제주 난과 희귀 고사리과 식물 200여 종을 보호하고 있다.

또한 석부작박물관 경내에는 목향이 그윽한 고급 펜션도 있고 감귤체험농장도 있다. 앞으로도 확장하여 경내에 예술인들을 위한 예술관을 건립할 계획도 있다고 들었다.

지난해에 세계자연환경의 축제인 'WCC세계자연환경보전대회'가 '제주국제컨벤션센터'에서 열렸다. 2012년 제주환경올림픽의 총회 공식 슬로건인 '자연(nature+)'은 자연을 위한 다양한 이슈로의 자유로운 확장을 의미하는데 +가 긍정(posilie), 더욱(more), 더 나은(better), 부가가치(added) 등은 생물다양성, 기후변화, 지속가능한 에너지, 참살이, 녹색경제와 관련된 논의를 자연이라는 공간에서 이루어지기에 인류발전을 위한 총회로 제주도가 세계 환경수도로 각인되었다.

이런 맥락으로 볼 때 자연환경으로 부가가치를 높이면서 녹색 예술로 승화시킨 석부작박물관은 좋은 녹색경제를 위한 관광명소로 거듭날 것이다.

관광객들이 선호하는 올레 7코스를 출발하여 지질경관으로 유명한 주상절리와 천제연 폭포 관람을 시작으로 고근산에 올라 서귀포 해안을 조망하고 석부작박물관을 돌아본 다음, 세계조가비박물관을 구경하고 제주도 정서가 살아있는 기당미술관에서 변시지 그림을 관람하고 서귀포 시비공원을 거닐고, 천지연폭포와 이중섭미술관, 소암 현중화기념관도 찾아봄으로써 제주도를 찾은 보람과 즐거움을 선사하게 될 것이다.

그러니까 올레 7코스를 시작으로 외돌개 - 주상절리 - 천제연폭포 - 고근산 - 석부작박물관 - 세계조가비박물관 - 기당미술관 - 서귀포시비공원 - 천지연폭포 - 이중섭미술관 - 소암 현중화기념관을 직접 방문하는 형이상학적인 코스로 겨울에도 꽃이 피는 서귀포시를 만나는 멋진 관광 벨트를 설정할 수 있다.

주막집 등불

어차피 인생은 나그네
세월 따라 떠돌다 만난 주막집
한 잔의 술은
한때의 속 쓰린 사연
들이킬수록 지나온 날이 화끈하여
떠돌이 석삼 년에 돈도 벌었으니
안주 푸짐하게 먹고
운이 좋아 주모 마음에 들면
주막집 안방은 내 차지
주모 유방 크면 땡잡는 거지만
빈손으로 왔다가
빈손으로 가서 썩을 몸
힘깨나 쓰던 시절도
엿가락처럼 녹고 말아
아득한 고향산천도 눈보라 천지
토라진 주모 달래며
몇 달 더 묵어야 쓰겠네
봄이 오면
소 값이 좋아진다니까
다시 길 떠날 요량으로.

차안이나 피안이나 사람 사는 세상은 엇비슷하다고 하여 어차피於此彼다. 그래서 어디론가 떠나 푸짐한 행방불명으로 살고 싶음도 숨기진 않겠다.

한 석삼 년 돈 걱정 없는 산중에 가서 바람 세차면 나무 뒤에 기대인 들풀처럼 견디고 물길 세차면 바위틈에 숨어든 물고기처럼 조용히 살고프다. 한편으로는 새 발자국도 남지 않는 허공처럼 달빛을 가두지 않기에 새로운 아침마다 물안개 농사를 짓는 거미를 바라보며 사는 것도 제멋이긴 하다. 흑백 사진으로 남든 천연색 사진으로 남든 주어진 조건에서 선택할 일이다.

붙박이로 살기보다는 떠돌이로 살자. 우마 중개인이 되어 각처를 돌아다는 맛도 별미일 터. 제주도에 내가 없을 때 다른 곳에 내가 있듯이, 내가 코를 골고 있을 때, 코 안 고는 내가 없듯이 장소는 원단이고 시간은 소모품이고 우리는 일회용이다. 그래서 멀리 가면 영영 쓸모가 없게 되니 지금 서성이는 있는 곳도 간이역이다.

소 판 돈을 전대에 담아 단전 부근에 잘 간수하였다. 노잣돈 정도만 호주머니에 지녔음이다. 술은 달콤하게 썩은 물. 어차피 팍팍한 인생살이, 무릉도원인 양 실컷 취할 수 있음도 들풀이 꽃을 피우고 새가 우짖는 풍경을 닮았으니 곤고함이 위로받는 것이다. 그래서 한 잔의 술은 한때의 속 쓰린 사연이라고 주모에게 수작을 건 것이다. 외로운 처지니 뜨겁게 재워달라고.

야심한 밤에 구만리 울어 예는 청둥오리 떠드는 소리도 격려의 추임새로 들리는 판이라 언변이 달변이면 저 달에도 옥토끼가 산다.

입술은 겹치라고 부드러운 거고, 더불어 자라고 이불은 넓고, 흥이 나라고 여자에겐 젖가슴이 있는 거다. 역지사지로도 소장수가 마음에 들어 야릇하니 덤인 거고, 주모 젖가슴이 커서 푸짐하니 덤인 거고, 어차피 죽으면 늙어질 것이므로 한때의 용트림은 방초만 무성할 추억이 아니런가.

갈매기 한 마리만 날아도 풍경이 되는 섬에 살고 있는데도 눈보라 거친 바다를 건너면 나를 애타게 기다리고 있을 주막집을 생각하면 좀이 쑤신다. 훠이훠이 달려가서 목마름을 해갈하고 싶은 궤도이탈도 시심을 즐기는 덤인 것을 어쩌랴.

무슨 사연 있겠지

길 잃은 철새
철이 지나가도 돌아가지 않는 철새
무슨 사연 있겠지
말을 더듬거나 행색이 초라해도
비웃지 말자
왜 그러느냐고 나무라지도 말자
갈 길이 멀어 힘들수록
더불어 사는 사람들아
길을 잃어서
오직 길 밖으로 흘러가도
사연 따라 삶은 형성되는 것
갈 곳을 잃어
길 아닌 곳에서
눈을 감는 기구한 인생.

여름나기를 마친 철새들 중에 날씨가 쌀쌀해지는데도 돌아가지 않는 멍청한 놈들이 있다. 단순히 멍청하다고 떠들어댈 수 없는 것은 그대의 어머니나 아내나 딸이 물질도 하고 밭일이나 공장 일로 땀을 흘리고, 남의 식당에서 월급 받느라고 설거지로 녹초가 되도록 일하는 것이 안쓰러워도 일부러 모른 척해야 할 때가 있기 때문이다. 왜냐하면 그럴 수밖에 달리 먹고 살 길이 없으니까.

일이 있어 힘든 삶은 그래도 나은 편이다. 빚에 못 이겨 가출하였거나, 병들어 누웠다고 상상해 보라. 그런 남자의 아내가 자식 대여섯을 거느렸으니 비싼 매장은 거들떠보지도 않고 싸구려 할인 매장에서 눈에 쌍심지를 켜고 입기 쑥스러운 옷만 산다고 마냥 멍청하다고 씨부렁거릴 수 있겠는가 말이다.

새벽잠이 몸에 좋은 줄 몰라서 새벽 도깨비 시장에서 싸구려 채소를 사려고 벼르고 별러 눈 비비며 간다고 짜증만 낼 순 없지 않는가. 무도 흙이 묻은 채로 무 잎이 달려 있어야 싸게 산다. 이참에 많이 사니까 무겁고, 들고 걸어가니까 팔이 아프고 땀도 난다. 집에 가서 잎을 떼어내고 씻느라고 아침도 대충 먹어야 한다. 출근할 곳이 없어 다행이지, 출근한다면 새벽잠을 설쳤고 그까짓 무 때문에 힘까지 뺐으니 아침부터 얼마나 피곤하고 바쁘겠는가.

가난한 여자라고 치장 못해서, 화장할 줄 몰라서, 몸매 가꿀 줄 몰라서 안 하는 게 아니지 않는가. 제주도 어느 해안인들 다 빼어났으니 카메라만 들이대면 사진작가 아니더라도 멋진 풍경 사진이 나온다는 것은 관광객도 다 안다. 올레길을 나서면 공기 맑고 바람 소리 은은하여 마음도 포근할 줄 어이 모르겠는가. 그래서 나만 여유롭게 살기가 미안하여 너그러운 생각이 절로 든다. 부디 제주도가 살기 좋아서 제주도민 다 잘 살았으면 얼마나 좋은가. 바람이 좋아서, 바다가 좋아서, 돌이 좋아서, 제주도 사람들이 좋아서 아예 제주도에 와서 사는 사람들도 다 잘 살았으면 좋겠다는 말이다.

내가 초등학교 시절에 본 영화 〈눈 내리는 밤〉을 기억하고 있다. 주인공 남자가 돈 벌러 나갔다가 죽을 고비를 여러 번 넘기고 세월만 보내다가 늙어 병이 들자, 얼어 죽기 전에 고향집이라도 한 번 보려고 어스름한 저녁에 옛집을 찾아와 엿보니, 성장한 자식들이 어머니 모시고 잘 사는지 웃음소리가 창을 넘어오는 집안 풍경을 엿보고는 슬며시 돌아서서 떠나는 등 뒤로 함박눈이 펑펑 쏟아지는 명장면을 잊을 수가 없다. 어리석게 왔다가 멍청해서 그냥 돌아서는가.

전신주 전깃줄에 앉아서 고개를 파묻고 있는 제비 몇 마리. 겨울이 오면 필시 얼어 죽을 텐데 걱정이다. 제비들이 강남에서 제주도까지 날아오는 능력은 옛 둥지로 다시 돌아가야 한다는 회귀의 본능 때문이다. 날개의 길이, 체중 등을 감안해도 생리학적으로는 설명할 수 없는 힘으로 철학적으로는 '체념의 미학' 이라고 한다.

겨울 철새도 텃새처럼 악착같이 철이 지난 곳에서 살고는 날아갈 걱정이나 날아올 염려도 없이 두루뭉술하게 사는 놈들도 있다. 누군가가 타향도 정이 들면 고향이라던데 타향살이가 서러워서 소리치며 하던 말이라고 한다.

그런데 문제는 철새가 텃새로 변질했거나 진화한 이질적인 상황이 발생하게 된다. 이동하지 않게 되면서 붙박이로 태어난 새끼들은 부모들의 원 고향을 모른다는 것이다. 또한 철새의 사명으로 멀리 날아갈 필요도 없고 제주도에서 알껍데기를 묻었으니 텃새로 변한 그들의 어미철새는 앞날이 창창한 입도조가 되는 것이다. 그래서 입도조가 있는 제주도 사람들과 육지에서 제주도에 와서 겨울나기를 하려는 사람들과의 정서가 약간 다르다.

누가 나더러 '넌 왜 그렇게 사느냐.' 비아냥거리면 그렇게 대답할 것이다.

너도 원래는 바람 타고 떠도는 철새였다고. 잘못 살아도 속사정이나, 밑그림은 있는 법이 아니냐고 따져야겠다.

박쥐

나는 박쥐야 절망을 꿈꾸는 시커먼 박쥐야
박쥐는 새가 아니야 날개 달린 쥐야
박쥐는 험상궂어 외계인처럼 생겼어
제비처럼 연미복을 입지 않고
음흉한 마술사처럼 검은 외투를 걸쳤어
박쥐를 사랑하는 여자 아직 없지만
박쥐에게 물리면 박쥐를 사랑해야만 해
박쥐는 피를 빠는 흡혈귀와 닮았으니까
박쥐 날개에 달린 발톱
박쥐 입가에 번뜩이는 송곳니
죽음을 저주하는 울음소리
부분적으로 털 돋은 몸뚱이가 징그러워
가끔 죽은 짐승의 피를 빨아먹고 설사도 하더군
시인도 박쥐처럼 야행성이야
시인은 굶주려야 촉각을 곤두세우지
절망 앞에서 처절하게 신음하니까
낮에는 이해할 수 없는 말을 중얼거리다가

창백한 얼굴로 깊은 잠을 자지
부유한 인간들은 내 시를 읽지 마라
행복이 넘치는 가슴은 피 냄새가 달콤하므로
굶주린 박쥐는 푸른 눈으로 물체를 노려보지
시에 미친 나도 밤마다 무슨 일을 저지르고 있는지
먼동이 틀 때까지 나는 내가 두려워.

나는 슬프다. 비극적인 인간이 되지 못하여 원통하다. 비극적인 인간이 얼마나 처참한가를 잘 아는 내가 두렵다. 비극은 무섭다. 비극이 무섭기 때문에 비극적이지 않은 상황에 길들여진 내가 싫다. 싫어해 본들, 어쩔 수 없는 안주, 그리고 안식. 영일을 누리고 있으므로 세상의 흰 구름과 안개와 눈보라와 다른 동물들도 눈여겨볼 수 있는 기쁨을 맛보고 있는 여유가 원망스럽다.

목숨을 위협하는 절망의 소용돌이 속에서 피비린내 나는 고통을 맛보아야만 제대로 된 절망이 무엇인가를 알게 될 것이다. 고독도 공포를 동반해야 고독다운 고독을 맛볼 수 있다. 비바람 몰아치는 산중에 이름 모를 무덤에 엎드려 삶이 무엇인가를 생각해 본 적이 있느냐고 누가 나에게 물어보면 나는 별로 대답할 말이 없다.

보름달이 훤히 뜬 들길도 별로 걸어보지 못한 주제가 詩 속에는 무슨 무덤이니 해골이니 오싹한 단어가 그리도 많이 나오는지, 중병으로 스스로 경악해 본 적은 있었지만 다시 일상으로 돌아왔으니 화상으로 검게 탄 현무암이 그토록 통곡한다고 마음대로 시를 쓸 자격이 있는가.

나는 이 세상에 태어나고 싶은 생각이 추호도 없던 사람이다. 태어났으니까 살고 있다. 원하여 구한 목숨이 아니라는 운명에 자존심이 상하여 피조물, 피동, 채무자, 소모품, 폐기

처분, 괜히 이런 단어들이 신경에 거슬린다.

중학교 사회시간에 인간은 태어나면서부터 착하다는 '성선설'이나, 태어나기 전부터 악하므로 '성악설'이 옳다는 양분된 이론에 나는 고소를 금치 못했다. 갓난아기가 선과 악을 어떻게 안다는 말인가!

다람쥐도 쥐고, 박쥐도 쥐다. 박쥐는 생김새가 험상궂어 혐오감이 크다.

고단한 하루를 되새김질하면서 편안하게 누워 있는 들소 엉덩이에 유령처럼 달라붙어서 피를 빨아먹고는 간식으로 무르익은 무화과를 갉아먹으면서 똑바로 매달려서 설사 똥을 갈기는 모양새를 보고 있노라면 밥맛이 싹 가신다. 박쥐도 먹고 살자고 하는 행동인데 마냥 미워할 수는 없지 않는가. 박쥐는 야행성이기 때문에 시력은 형편없으나 초음파를 내뿜을 수 있는 생존 능력을 지니고 있다.

시가 밥 먹여 주냐는 비웃음이 싫어서 '시인은 악마의 술을 빚는 노예'라고 금과옥조를 들먹였다가, 시인의 행태를 정당화하려는 감언이설에 불과하다고 핀잔을 먹기도 한다.

아무튼 내가 박쥐를 詩로 쓰기까지는 시인으로 살고 있는 나의 환경에 적응한 결과의 산물이다. 내가 멋진 詩를 쓰고자 하는 소망이 꿈틀거리고 있는 것처럼 박쥐도 외계인처럼 험상궂게 진화한 사연이 있을 것이다.

나는 내 마음대로 세상을 등질 수 없다. 죽을 때까지는 살아야 한다는 엄연한 사실이 유감이다.

초등학교의 비밀

교실 마루 아래 컴컴한 공간에는
공부하면서 장난치다가
마루 틈새로 흘린
삼각자, 컴퍼스, 양철 칼,
지우게, 연필, 딱지, 머리핀, 고무 꽈리,
유리구슬도 많이 있지만
학교를 지키는 고양이와 뱀도 살고 있다

소풍 가는 날이나 운동회 날,
비 오는 학교는
누군가가
학교를 지키는 뱀을 죽여버렸기 때문

백군 이겨라! 청군 이겨라!
고양이가 커서 백호가 되고
뱀이 커서 청룡이 되는데.

지금도 초등학교에선 운동회를 하기는 하는 모양이다. 그러니까 내 나이 반세기도 넘는 유년 시절, 운동회의 추억은 짙푸른 호수인 양 지금도 눈앞이 환하다. 줄을 세워놓고 청군, 백군으로 갈리면 어느덧 청군이거나 백군 백성이 되어 무려 한 달 동안은 오후나 방과 후에 운동회 연습으로 땀을 흘렸다. 휘날리는 만국기가 신기하여 들뜬 마음에 운동모자를 품에 안고 잘 정도였으니 막연하게나마 운동선수가 된 기분이라고나 할까.

우리 초등학교는 설립된 지 백 년도 넘는 역사를 자랑하기에 운동회는 마을 축제였다. 집단 텀블링, 집단 무용, 기마전, 바구니 깨뜨리기, 사다리 통과하기, 이인삼각 등, 엿장수가 1분에 가위를 제 마음대로 치듯 운동회 날엔 먹을거리 장터가 생겨 덩달아 흥겨웠다.

그 중에서도 압권은 개인전인 달리기 시합이다. 저학년은 그냥 달리는 것으로 일이 삼등을 뽑았는데 상급 학년은 달리다가 그물을 통과하는 장애물을 설치하거나, 달리다가 딱지를 집어들고는 거기에 적힌 내용대로 실행해서 달려야 하는 재미도 폭소를 자아내게 했다.

'교장 선생님을 모시고 달리기'가 적혀 있는 경우, 교장 선생님을 애타게 찾게 마련인데 상급학년 달리기의 재미를 아는지라 소변이라도 보러 가지 않았으면 비교적 쉽게 찾아

낼 수가 있지만, 할머니 지팡이를 들고 달리라는 딱지를 들었을 경우는 뜻밖에도 찾지 못하여 남들은 이미 달리기를 끝낼 상황임에도 울상을 짓고 관중 틈을 헤집는 해프닝을 연출하기도 한다.

그때 상품으로 받은 책은 아무것도 쓰여 있지 않은 의미인 공책 표지에 월계수로 치장한 '賞'자 노트를 일등은 3권, 2등은 2권, 3등은 1권을 주었다. 그걸 못 받은 심사 무척이나 허전했지만 하루 쉬고 등교하면 그마나 전부 1권씩 나누어 주어 고마운 마음에 뿌듯했던 기억 또한 새롭다.

그때 먹어본 꽈배기, 삼각오린지 비닐 주스, 김밥, 비과, 풀빵, 거기다가 장난감으로 풍선 또 뽑기, 자동회전 팽이, 꽈리도 있었다. 특히 껌은 동심의 꿈과 같아 즐겨 씹었는데 풍선껌을 씹는 여자애들의 껌 씹는 소리에서 묘한 흥겨움을 느끼고는 흉내를 냈지만 소리를 내지 못했다. 하지만 밀가루 묻힌 껌을 씹을 때, 그 달착지근한 맛은 잊을 수 없어 가끔 사각 베개처럼 생긴 껌을 씹을 때가 있다. 옛날에는 오죽 껌이 귀했으면 씹다가 벽에 붙이고는 이튿날 다시 씹을 정도였으니.

이웃집도 가난했던 시절이라 학용품이 귀했다. 침 바르며 썼던 몽당연필, 12가지 색 크레용을 쓰다가 새로 나온 24가지 크레파스는 색칠하기가 더 부드러워서 도회지 세상은 호기심천국이었다. 실물 사과를 그린다고 어머니를 졸라 사서 책상 위에 놓고 보면서 그림을 그리고는 단체로 먹었던 모델 사과 맛은 가히 일품이었다.

우리 초등학교 비밀로 일제강점기에 누군가가 학교를 지키는 뱀을 죽여버렸다고 한다. 그 원한으로 운동회 날이나 소풍 가는 날은 반드시 비가 온다는 저주가 난무했다. 초등학교의 사명은 나라의 기둥이 될 인재를 키우는 곳이기에 학자나 외교관인 문관을 상징하는 청룡과 뛰어난 장군을 상징하는 무관인 백호의 의미를 청군과 백군으로 나누어 매년 운동회를 열었던 거다.

그래서 초등학교를 지키는 뱀과 고양이가 살고 있기에 뱀이 자라서 용이 되고, 고양이가 자라서 호랑이가 되는 것이다. 아무튼 역사와 전통을 자랑하는 우리 학교 운동회 날은 될 수 있으면 피하느라고 다른 학교에선 일주일 먼저 하거나, 늦게 한다는 말이 날 정도였는데 풍문에는 지금도 그런다고 한다.

공부하기 싫은 너에게

공부하기 싫으면
하지 마라
그 대신 커서
공부 잘한 사람
심부름하면서 살라
심부름이라도 열심히 해서
너보다 게으른 사람을
심부름시키면서 살라.

장차 훌륭한 사람이 되라고 내가 만 여섯 살이 될 즈음에 아버지께서 한글을 깨우쳐 주셨는데 기억력은 좋은 편이어서 초등학교 저학년까지는 나도 공부를 잘했다. 그러나 내 유년의 보금자리인 탑동 바다가 나로 하여금 훌륭한 사람이 되도록 그냥 놔두질 않았다.

대문 앞 올레 입구부터 바닷가였다. 겨울이 오면 태풍이나 폭풍, 해일이 일어 산더미 같은 파도가 우리 집 지붕을 뒤엎었다. 문도 없는 허술한 도새기(돼지) 집은 바닷물이 흥건하게 고여 바람 차가운 겨울 내내 도새기가 비명을 질렀는데, 그 환청이 아직도 귀에 쟁쟁하다. 지금은 복개해버린 비룡포구에는 한라산에서 계곡 타고 흘러내리는 물로 홍수가 나면 새벽 썰물에 늙은 문어, 숭어, 민물 장어, 엄지 털 참게가 죽어서 밀려온 것을 주워다가 먹기도 했고, 물살에 뿌리 뽑혀 떠내려온 나무나 풍랑에 부서진 배의 나무도 주워다가 불을 때기도 했으며, 고래 등만큼 큰 해파리가 겨울 눈보라에 해변으로 떠밀려오면, 발가벗고 물속으로 뛰어들어 해파리 독침에 쏘이면서도 칼로 도려내고 집으로 가져가서는 채로 썰어서 참기름과 고춧가루를 넣고 간장에 버무려서 반찬으로 먹었던 특이한 추억도 있다.

겨울을 이긴 도새기가 발정 나서 동네를 누비고 다닐 때는 내가 잡으러 다녔다. 어떤 날은 갈매기가 떼 지어 앉아 있는 방파제를 달리기도 했는데, 갈매기 떼가 비상하는 그 속에 돼지 뒤를 쫓고 있는 내 유년의 기억도 남아 있다. 탑동 바닷가 매끄러운 먹돌에도 물기가 스며들어 파랗게 해초가 움트는 봄이 오면 해녀들이 물질한다고 바닷물에 줄지어 헤엄치면서 '호이, 호이' 하는 숨비소리를 낸다. 그 휘파람 소리를 듣고 있으면 흰 뺨 야생 오리들이 탑동 바다로 몰려왔다는 착각이 들기도 하였다. 깊은 바다의 수압 때문에 머리가 지끈거리고 고막이 터질 듯한 고통 속에서도 전복이나 소라를 따내고는 폐부 깊숙한 곳으로부터 휘파람으로 토해내는 해녀들의 숨비소리의 애절함이야말로 어떤 목관악기나, 금관악기의 소리와도 감히 비교할 수가 없을 정도다.

새벽 날씨가 쾌청하면 사라봉 동쪽으로 청룡, 황룡이 불을 토하듯 검붉은 구름 사이로 눈부신 해가 떠오르기 시작하였다. 이글거리는 불꽃 그대로 짙푸른 제주 바다 위로 쏟아지는 찬란한 빛기둥을 바라보는 동안에도 어릴 적 생각이 났다. 학교 첫 미술 시간엔 사과를 직접 보면서 그렸는데, 그때는 크레파스도 나오기 전이어서 어머니를 졸라 12가지 색 크레용과 빨갛게 익은 사과를 샀다. 때가 눌어붙은 손으로 사과를 반들반들 윤이 나게 닦아 책상 위에 놓고 그림을 그리다가 시퍼런 코가 나오면 반들거리는 소매에 문대고, 종기 난 이마가 가려우면 고약도 만져 보다가, 슬금슬금 이가 기어가면 북북 몸을 긁으면서 그림을 완성하고는 그 손으로 그토록 귀한 사과를 맛있게 먹었던 생각과, 초등학교 4학년 작문 시간에 처음으로 쓴 시도 생각난다. 제목은 〈우리 선생님〉이다. 선생님께서 잘 썼다는 칭찬도 해 주셨고, 교단 위로 나와서 직접 읽으라는 말씀에 나는 갑자기 눈앞이 캄캄했다. 공부도 못하고, 체격도 왜소하여 바다만큼 고마운 선생님이 계신 자리에서 난생처음으로 칭찬받은 시를 읽어야 하는 부담감 때문에 진땀을 흘렸던 기억도 떠올라 슬며시 웃음이 나왔다.

어느 일본문예지에서 읽은 시 〈여우의 설날〉도 생각났다. 원문은 오래되어서 잊어버렸지만 어린 여우가 설날 새옷을 입고 세배하러 친척집에 돌아다니면서 과식하여 새옷에 설사하고는 집에도 못 가고 눈 오는 들판에서 구슬프게 울고 있다는 내용인데, 양력으로 설날을 보낸 내 어릴 적 상황하고 너무 흡사하여 소리 내어 웃고 말았다.

일 년에 한 번뿐인 정월 명절은 어린이가 목돈을 만질 수 있는 특별한 날이다. 새옷과 새신을 신고 세배하고 많은 돈을 받으면 그토록 갖고 싶었던 장난감 소원도 풀어야 되겠다는 희망찬 설계로 전날 밤은 뜬눈으로 밤을 지새우다시피 하고는, 실로 오래간만에 만난 진수성찬에 몰입하여 영락없이 과식하고는 아픈 배를 부여안고 밤새도록 끙끙 앓았던 내 유년의 추억이 실로 엊그제 일인 것만 같다.

울고 싶은 봄비

봄비가
꽃가루처럼
부서지는 오후
처마 밑에서
비 피하던 수탉이
날개 죽지 춤으로
졸고 있는 암탉을 깨우고는
흙 묻은 발로
암탉 등 위에 올라타서
몸을 부르르 떠는 순간,
봄바람이 꿈결처럼
여울지는 고향 풍경.

얼마나 기다린 봄비인가, 오죽했으면 울고 싶은 봄비라고 했을 것인가. 날 울려주는 봄비라는 노랫말도 있다. 봄비가 꽃가루처럼 뿌려진다고 했으니 이 또한 환장할 만큼 구체적인 착시현상이다. 함박눈이 솜사탕 같고 진눈깨비가 떨어지는 밥풀이라는 잠재 속에 가느다란 봄비가 바람에 부서지면서 내리고 있었으니.

내 고향은 제주도, 탑하동이라는 바닷가. 태풍이라도 오게 되면 파도가 우리 초가집 지붕에 쏟아질 만큼 험한 곳이긴 해도 평소에는 확 트린 수평선이 눈부시게 아름다운 물결을 이룬다. 바닷가이지만 마당에 빗물이 고이면 곤충들이 헤엄쳐 다녔고, 돌담 틈에 앙증스럽게 핀 채송화가 탐이 났는지 엄지발 붉은 게가 거품으로 밥을 짓다가 간식으로 채송화 꽃잎을 뜯어먹던 그 풍경을 여태 잊지 못하고 있다.

닭들도 토종닭, 마당가를 헤집고 지렁이도 잡아먹다가도 비가 내리면 비에 젖기 싫어해서 처마 밑 마루에 옹기종기 모여서 비 그치기를 기다렸다. 잠시 아무 생각 없이 빗소리를 듣고 있노라니 수탉이 날개 한쪽을 부채처럼 쫙 펴고 마음에 든 암탉 주변을 반원으로 그리며 구애하려고 춤을 춘다.

물론 야생 닭이 아니니까 처음 만난 사이도 아닌 터라 그럴 수고까지는 할 필요가 없었겠지만 비가 내리면 무슨 본능 같은 것이 있어서 흙 묻은 발로 올라탔다는 기억을 시로 추스르는 발상은 시의 묘미를 더해주는 원초적인 매력인 것이다.

거기다가 암탉들은 왜 그리 조는지, 밤새도록 둥지에서 달걀을 품느라고 그리도 피곤했느냐 말이다.

새벽을 알리는 수탉의 고함에 비하여 알을 낳고 있다는 구성진 소리는 조신한 여심과 닮았다.

거칠게 다루고 싶다는, 마음먹으면 언제든지 소유할 수 있다는 자신감이라고나 할까, 짝이 있는 특혜, 닭의 교미를 은근하게 드러내면서도 저속한 심사는 숨기고 감칠맛나게 표현하기란 그리 쉽지는 않았다. 바다 또한 생명체로 넘쳐났기에 썰물이 되면 바닷가는 새로운 설렘으로 넘쳐났다. 주전자를 들고 나가서 해초가 무성한 돌을 뒤집으면 해삼이나 소라, 바닷게를 가득 잡을 수 있던 그때가 마냥 그립다.

봄비가 내리면 닭도 아이도 함께 비 그치기를 기다렸다는 한 폭의 그림이 되도록 시 속에 쉼표를 하나 차용하였다. 그 쉼표 하나로 고향 바다가 사라지고 말았다는 안타까움을 극명하게 드러내고 싶음이다.

지금은 그 바다를 매립해 버려서 썰물 때 드러났던 파도의 활주로는 영영 사라지고 말았다. 다만 봄바람은 그때의 봄바람과 같을 것이지만 꿈결처럼 아른거리는 닭들의 모습과 맹꽁이 울음소리와 비바람의 감촉을 어이 잊을 것인가. 막연한 미래처럼 비 피하기를 했던 유년의 풍경, 다시는 돌이킬 수 없는 세월이 되고 나니 절로 서러운 생각이 들어 울고 싶은 봄비라고 나지막이 읊조리고 있으니.

5장

허공중에 맺힌 눈물보석

청춘

나는 죽음이 부끄러운 석공이라
날마다 탑을 세운다

생명은 삶의 충동
목숨을 구워내던 피가 힘이 되고
힘은 불이 되어

일월이 겹쌓이는
화석 앞에서
해골을 다듬기 위해 몸부림하는
밝은 대낮

젊은 석공의 땀은 강이 되고
그곳에 또 다른 탑이 잠겨 있음을 본다.

청춘이란 막막함이다. 광장이다. 광장의 속성은 나 혼자만 살게 된 공간이 아니다. 나 아닌 것들로 채워 비고 비워진 공간이다.

미래라는 자산과 미지라는 땅을 일구어야 하는 청춘, 나는 맹수도 될 수 있고 순한 짐승도 될 수 있다. 먹히느냐 먹느냐는 나의 의지와 타인들의 의지에 따라 결정된다. 내가 청춘이 되기까지 순전히 스스로 이루어진 게 아니라는 사실이 중요하다. 내가 청춘이라는 말 자체가 나와 청춘이 별개라는 거다. 이는 곧, 청춘이 아닌 나일 수도 있음을 이제 청춘을 잃고 나서 깨달았다.

돌이켜보건대 청춘 시절엔 길이 너무나 많았다. 다양한 선택이 생물처럼 우글거리는 집단 중에 나만의 길을 선택하여야 하니까 목적지를 찾기가 그리 녹록지 않았다.

갈등이 많았음을 공감한다. 빈 노트가 청춘이라면 거기 무엇인가를 썼다고 한들, 그건 내가 걸어온 청춘의 자취이고 흔적이다. 갈 길이 많았듯이 답이 많아서 방황하고 방랑한 적도 있었듯이 예상하는 답이 많아 미리 결과를 도출한 어리석음으로 청춘은 또한 고뇌의 시절이었다.

청춘이 고뇌라는 등식이 성립이 됨을 안다는 자체가 청춘을 유용하게 썼다는, 유용하게 쓰긴 했어도 보다 활용했어야 하는 아쉬움이 남는다는 자책이나 수긍은 이미 청춘은 다시 없다는 탄식인 것이다. 길은 가고 나서 뒤를 돌아보니까 아는 것처럼 간 길을 돌아서서 다시 걸어보았더니 제대로 알았다는 경험이야말로 더할 나위 없이 늙었다는 자탄이다.

청춘이 사라진 자리엔 혼돈은 없다. 혼돈으로 인한 고뇌가 없는 대신 지나온 일에 대하여 비난을 화살을 쏘아도 피할 길이 없다. 걸어온 길이 있을 뿐, 미래가 없으니 새로 길을 낼 수 없으니까. 없다고 해서 마냥 바탄에 빠질 수도 없는 체념, 청춘을 잃으면 안온한 경작으로 안정된 노후를 보낼 수 있는데 노후를 대비하지 못한 노년도 큰 불안은 없다. 불행이 얼마 남지 않음을 아는 탓이다.

태풍이 몰아치니 밤새도록 파도가 갈가리 찢겨 흰 피를 토했으리라. 태풍이 자면 바다 또한 잠잠할까. 밤새 지랄하고 육갑을 떨던 태풍이 물러가면 금이 간 바위도 씻은 듯이 다시 봉합되어 어제 바위처럼 말짱할까. 청춘은 비참하게나마 즐겼기에 금이 간 바위가 그리 아프지는 않았다. 더 큰 바위가 있으리라는 희망이 등을 받쳐 주었으니까.

늙어서는 태풍이 두렵다. 지금까지 지켜온 신의에 금이 가면 안 되는 건 확연하다. 오래된 바위에 유서를 새기면 되는 줄 알지마는 희망을 품었다한들 행동으로 옮길 힘이 없음을 이미 체득하고 있기에 깨진 바위는 영영 깨진 바위로 남게 되고 만다.

어떤 나무는 화석이 되기도 한다. 벼락 맞고 부러진 나무가 쓰러진 나무가 화산재에 깊이 파묻혔다. 외부와 차단되고 수분이 빠진 채 오랜 세월 나무 형태를 유지하는 동안 화석화의 과정을 거쳐 돌처럼 딱딱하게 굳어져 화석이 된다.

청춘의 갈등, 노년의 체념. 청춘은 열정이고 과잉이고 과다이고 절대 고독이고 풍부한 고립이고 넘치는 선택이었으나 결국 답은 하나의 길로 가는 화석의 침묵과 같음을. 이 또한 내 뜻이 아닌 삼라만상의 수레바퀴에 빻아지는 나무화석이라니.

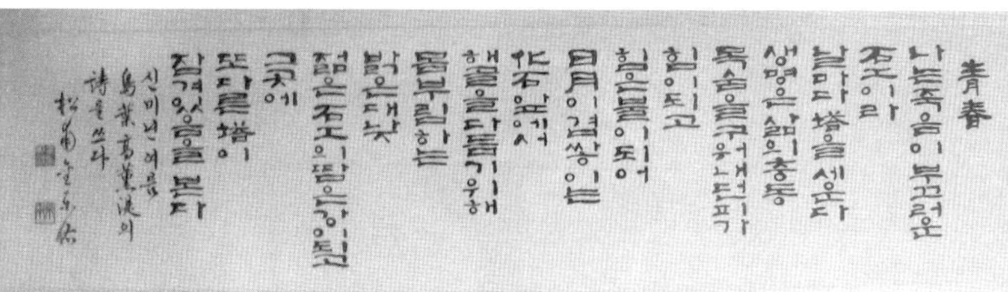

꽃과 거북이

눈 녹은 강 언덕
안개 자욱한 들판에
흐드러지게 핀
야생 수선화

강가에 사는
착한 거북이 병들어
달이 밝으면
백사장에 엎드려 울고

퉁소를 불면서
세월을 보내던 나는
강 건너 오는 꽃향기에
몸부림치고 싶은데

착한 거북이 눈물에
마음 찢어지는 나는
꽃이 지길 기다려
독사를 목에 감고 있네.

얼토당토아니한 설정이긴 하지만 거부할 수 없는 제안을 받아본 적이 있는지? 그래서 사랑의 열병을 앓아본 적이 있는지? 가령, 내가 노총각 머슴인데 청상과부인 마나님이 몸살기가 있다고 야심한 밤에 안방으로 들어와서 온몸을 주물러 달라고 했을 때, 과연 당치도 아니한 말씀이라고 거부할 수가 있느냐는 거다. 새봄이 오면 우리 집 뒤뜰에는 목련이 피는데 이웃집 목련도 덩달아 핀다. 그런데 희한한 것은 이웃집 목련화가 더 눈부시고 매혹적이라는 거다.

누구나 다 아는 오래전 이야기지만 〈달빛 소나타〉라는 이름으로 일본에서 〈겨울 연가〉가 방영되자 탤런트 배용준은 욘사마라는 애칭으로 일본 여인들의 흉중에 사무치는 현상이 되고 말았다.

욘사마를 보기 위하여 비행기를 전세내고 찾아다닐 정도가 되자, 그 이유를 물었더니, 여자로 태어나서 그냥 욘사마를 바라보는 것만으로도 더할 나위 없이 판타스틱 그 자체라는 거다. 최근에는 장근석의 인기가 그 자리를 대신하는 모양이다.

눈 녹은 강 언덕이란 로맨스가 움트는 해방구역이다. 더하여 안개 자욱한 들판에 무르익은 여인처럼 흐드러지게 핀 야생 수선화의 향기가 끈질기게 유혹하는 여자라고 한다면 그 향기에 취하지 아니할 사나이가 어디 있겠는가. 야생 수선화란 백치미로 물오른 젊은 여인의 매끈한 허벅다리를 엿보는 상상이다.

강 건너 언덕은 그런 신천지인데 강가는 어떠한가? 착한 거북이 병이 들어 달이 밝으면 백사장에 나와서 슬프게 울고 있다고 설정하였다. 여기서 거북이는 본부인을 암시한다.

본부인은 병이 들어 여자 구실을 못하고 사내는 낭만을 즐기는 퉁소는 달인이다. 가히 구름에 달이 가려질 만큼 퉁소 소리가 강 언덕을 오르내리면 음악을 듣고 자란 오이가 더 맛이 있듯이 야생 수선화 향기 또한 원초적 본능에 몸부림치리라. 그래서 도덕은 눈이 멀고 지성은 침묵하게 되는 것이고 감성은 탄성을 지른다.

억지 눈물이라는 말로 악어의 눈물이라는 것이 있다. 큰 먹이를 삼키려고 아래턱 관절을 힘껏 벌리려다 보니 눈물샘을 자극하게 되어 흘리는 눈물이라는 거다. 하지만 거북이가 눈물을 흘릴 때는 백사장에서 수많은 알을 낳으려는 산고의 고통으로 흘리는 눈물이다. 눈물 흘리는 동물이 생각 외로 많다. 고래도 사람에게 잡혀 죽음에 직면하면 눈물을 흘리고, 집에서 기르던 소도 죽을 때가 되면 소리 없이 운다.

그러니 수선화인들 꽃말이 어찌 없으랴. 이루어질 수 없는 사랑을 뜻하는 나르시시즘을 발생시킨 매력적인 화초이다.

이 시의 압권은 꽃이 지길 기다려 독사를 목에 감고 있다는 상상력이다.

가부좌를 튼 채 명상으로 마음을 다스리고 있는 퉁소의 달인. 그도 사람인지라 어찌 속살의 회오리를 모르겠는가. 몰라야 한다고 밤새도록 정수리에 폭포수처럼 끼얹는 차가운 달빛.

그렇게 세월이 흐르면 거북이로 빗댄 외로움도 늙고 퉁소의 달인도 늙고 야생 수선화도 늙지만 퉁소는 유물이 되고 새로 돋은 수선화는 해마다 향기를 잃지 않고 차디찬 겨울을 이겨내기에 이 시 또한 한때의 증언일 뿐이다.

어떤 귀향

낯선 잠자리를 옮겨 다니다가
시나브로 한 해가 저무네
동구 밖 팽나무가 몹시 그리운데
캘린더엔 다정한 청둥오리 한 쌍
흘러가는 세월이 무정하구나
거울 속에 잠긴 내 얼굴은
청동 쌍검에 용을 새기던
고구려 금속 공인의 후예
희부연 형광등 아래 누운 빈 소주병
멀리 새벽 골목에 개 짖는 소리
오늘은 집으로 돌아가야 하는 날.

모든 생명체는 목숨이 아까운 법이다. 사람은 더하리라. 돈은 현실을 살아가는 조건에서 목숨을 보전하는 데 중요한 자산이므로 엄청나게 귀하다. 그래서 부자가 가난뱅이에게 돈을 주기도 한다. 많이는 안 준다. 많이 주면 그도 부자가 되기 때문에.

무엇이든지 내 마음에 들어야 편안하다고 내 몸에 대추' 라는 말 그대로 내가 원하는 삶이 잘 사는 거고 오래 살게 되는 거지만, 돈은 원천적으로 목숨을 보호하는 최첨단 병기인 것이다. 그래서 부자들은 늠름하다고 본다. 큰 마음먹고 가난뱅이를 도와주려고 잠시 곁에 불러들이긴 한다. 그냥 자선을 베풀 수는 없고 일이라도 시켜서 돈을 주는 급여 형태로 일정한 기간 상부상조하기도 한다.

그러나 가난은 꼭 죄인 것 같은 것은 피할 수 없는 사실이다. 아무리 너그럽게 생각해도 가난은 게을렀기 때문에 발생한 재난임을 부인하기 어려운 것이다. 그래서 근본적으로 가난은 밉상이다.

국어사전에도 가난의 원말은 간난艱難이라고 적혀 있다. 간난이란 '몹시 괴롭고 귀찮은 삶' 이라는 뜻이란다. 참으로 가난이 실감나는 대목이다.

부자는 부자끼리 살아야 마음도 편안하고 또 잘 어울린다. 돈을 꿔달라고 하는 이들에게 인정을 시험받을 걱정이 없고,

가난 때문에 빚어지는 갈등으로 인한 화도 입지 않을 것이기에 부자끼리는 마음의 여유가 있어 예의도 바르고, 돌아가면서 호의도 베풀 수 있으니까.

가난뱅이는 부자에게서 얻어먹는 형식으로 만나지게끔 되어 있다. 물론 부자가 돈을 쓰는 것은 당연하다. 돈이 많으니까. 쓰다가도 남으니까. 쓰다가 남지 않으면 안 되니까. 그런데도 불구하고 부자도 인간이기에 왜 나만 피 같은 돈을 축내야 하는지를 생각하면 부아가 치밀어 불특정 화살을 날리며 가난뱅이 가슴을 아프게도 할 때가 종종 있다. 그럴 때마다 서글픔으로 단련된 가난뱅이는 고맙고도 미안한 마음으로 내시처럼 슬며시 자리를 피해버린다.

부자와 맞장 뜨기가 현실적으로 어렵고, 일방적으로 굽실거리는 마음을 유지하기도 어느 정도이지 힘든 건 사실이고, 어찌 요행을 바라기가 거북한 건 말 안 해도 아는 터. 그러기에 속속들이 속병마저 아는 가난끼리 통하고자 어울려 살게 되는 거다.

힘들고 어려운 일은 가난뱅이의 몫이다. 그게 삶인 것이다. 살기 어렵지 않으면 누가 부자가 되려고 각고의 나날을 보낼 것이며, 누가 가난한 삶을 통탄하지 않으랴.

가난뱅이는 우열을 논하지 않는 평등한 가난과 더불어 살아야지 제몫의 가난마저도 버겁다고 혼자 살면 그 외로움과 설움을 어찌 견디랴.

거듭 강조하거니와 가난은 목숨을 위태롭게 한다. 잘사는 힘을 얻기 위하여 가난끼리 뭉치기는 하되 누구라도 서둘러 가난에서 탈출하라. 새로 맞이할 신입가난뱅이가 설 자리도 있으면 위로해 주어야 기쁨도 생길 테니까.

이 시는 생활비를 벌기 위하여 직업전선으로 떠도는 가장의 아픔을 형상화한 작품이다. 고구려 금속공인의 후예라는 장인정신까지 들먹였지만 현대엔 기계가 대신하여 자동으로 금속문양이 출시되므로 뛰어난 기능도 발휘하지 못한 채 장돌뱅이로 살아가는 삶의 애환을 그려보았다. 빚을 갚기는커녕 아내 약값에 보탤 돈도 없이 귀향해야 하는 가난은 개마저 더럽게 짖는 새벽부터 닥쳐올 절망감이다.

영화 〈25시〉의 마지막 장면에서 '안소니 퀸'이 사선을 넘어 그리운 고향으로 찾아왔건만 약혼녀는 이미 점령군의 아내가 되어 아이를 낳고 키우는 낭패한 상황으로 멍하게 만나는 장면에서 차마 제정신으론 어쩔 수 없어 눈으로는 울고 입으로는 웃는 그 기막힌 연기를 아직도 잊을 수 없다.

가시철조망

정신병원에 입원한 누이
생각마다 가시철조망

밤마다 우시던 어머니
가출하고 난 후
춥고 배고픈 사춘기를 지나는 사이
거듭났던 슬픔마다
겹 두른 가시철조망

달밤에 집나온 들개처럼
울부짖는 누이의 아픔은
피가 엉긴 녹슨 철조망

다정한 오빠의 눈물로
부디 철조망이 삭아
밝아오는 신작로에 부는 바람은
누이의 웃는 얼굴이기를
돌아가신 어머님의 평온이기를.

시는 특정인에게 전하는 고백이다. 그 고백이 투명해질 때 사연은 빛을 발한다.

삶이란 뉘우치거나 미루어 깨닫는 것. 진정 문인이라면 부끄러운 과거도 고백할 수 있어야 공감대를 형성한다.

슬픈 노래를 부르기가 두렵다고? 그 가사처럼 서서히 운명이 바뀐다고? 그래서 미친 사람처럼 억지웃음을 강요하고 있는가.

남의 한이나 원을 숱하게 대변하는 무당은 억울한 사연을 풀면서 기막히게 설움을 표출하는데 그 비극미를 다스리다 보면 스스로 기진하기도 한다. 하지만 이런 빙의는 연극무대에서 애절하게 읊는 사설로 직분에 충일하는 것일 뿐, 인하여 세상에서 펼쳐지는 숙명에 대한 두려움을 느낀다면 무구巫具를 버려야 한다.

가수라서 자신의 노래를 수천 번이나 불렀기에 기운이 작동하여 그 노래처럼 비극의 화신이 된다는 불안으로 전전긍긍해서야 어찌 험한 세상을 헤쳐 나갈 것이며 고난의 풍경을 회심의 미소로 맞이하겠는가.

나는 슬픔과 기쁨을 마음의 저울에 달아 본 적이 있다고 다른 책에 서술해 보았다. 슬픔이 기쁨보다 많이 무거웠다. 그러니까 슬픔이 기쁨보다 값이 더 나간다고 확신한다.

슬픔이란 쓸쓸하고 싶은 마음이기에 물기를 머금는다. 기뿜이란 기氣를 뿜어내는 마음이기에 공기처럼 가볍다. 눈물로 떡을 먹어보지 않은 자, 인생을 논할 자격이 없으니.

그런 줄 알면서도 상가喪家에 가기 싫어서 부조만 보내거나, 남이 다투는 곳을 피해 가거나, 사람이 쓰러져 있어도 모른 척 지나쳐버리면 어떻게 스토리를 엮을 것인가 말이다.

정신병원에 입원한 누이를 생각할 때마다 가시철조망이 생각난다는 표현이 상당히 촌스럽다. 어쩌다가 제정신을 잃고 낯선 도시에서 거리를 헤매고 있는지, 답답하고, 불쌍하고, 거기다가 남부끄럽기까지 하다.

정말로 남이 부끄럽기만 해서 되겠느냐는 반문이 새로운 영역을 펼쳐준다.

공포와 불안, 그리고 절망으로 죽음을 눈물겹게 그렸던 화가 '에르바르드 뭉크'의 〈절규〉는 가히 정신착란을 일으킬 만한 주제이다.

귀를 막고 소리 지르는 듯, 허나 실어증으로 벌벌 떨며 걷잡을 수 없는 공포에 휩싸여 옴짝달싹도 못하고 서 있는 남자. 분명히 조금 전까지만 해도 오렌지 빛 하늘마저도 핏빛으로 번지고 아름다웠던 석양의 바다는 어느새 검푸른 괴물이 되어 남자를 덮칠 것만 같다.

다섯 살 때 어머니를 여의고 14세 때 한 살 위인 누나마저 잃어 성장하는 동안 외롭고 불안하고 두려움이 많은 성격의 소유자가 되었다.

그림의 배경으로 추정되는 해안 근처엔 정신병원이 있어 종종 미친 여자의 비명소리가 들렸다. 뭉크의 여동생 '로라'도 우울증에 시달리다 정신병원에 입원하고 생을 마감했다고 한다.

과연 이 그림의 가치는 얼마인가? 천문학적인 가치를 지니고 있다지만 느낌에 따라서 볼썽사나운 그림이라고 해도 되는가? 시 〈가시철조망〉은 형편없는 비극미를 간직하려고 심혈을 기울였다.

시인이라면 낯선 곳에서도 보름달을 유별나게 바라보듯이 남이 만든 기막힌 상황에 도취되어 제 일보다 더 생생하게 작품으로 거듭나는 능력을 발휘해야 한다. 그렇다고 남의 불행을 즐기지는 않는다.

시대를 잘못 만나서 미일 전쟁과 4·3 사건까지 겪은 어머니는 환갑을 앞두고 눈을 감으면서 나에게 이르기를,

'느네 아방은 착헌 사름이여. 나 대신 새끼들 뒷바라지허젠 오래 살 거여.'

그러시면서 세상에 애물단지 딸은 되도록 미리 데려 가겠다고 유언을 하셨으나 사실과 달랐다. 아버지는 같이 늙어가는 2남 5녀를 근심으로 거느리느라고 구순九旬을 바라보는 나이에도 고생이 많으시다.

거북이의 무덤

할아버지와
할아버지 영혼들이
바다 위에 떠 있다

할아버지와 손자가 바닷가에 앉아 있다
늙은 거북이와
어린 거북이가 함께 헤엄친다

할아버지는
손자의 고추를 따먹는 시늉을 하고
손자는 몸을 비틀며 까르르 웃는다

할아버지는
손자의 눈 속에서
늙어버린 거북이를 본다

멀고 먼 날에도
파충류의 무덤 위로
출렁이는 물결을 본다.

거북이는 원시 바다에서 진화된 파충류의 후예다. 인간도 바다에서 진화된 등뼈동물의 후예이므로 바다는 거북이나 인간에게 생명의 고향이다. 그러므로 사람들은 바다를 보면 어떤 향수 비슷한 감정이 출렁인다.

내 고향은 제주시 해안 탑하동. 청년이 될 때까지 거기서 살았다. 어린 시절, 무더운 여름이 오면 집에서 발가벗고 달려가서 바다 속으로 풍덩! 하고 들어가서 헤엄치면 저절로 피서가 되었다.

나의 할아버지도 그랬지만 탑하동 할아버지들도 어린 손자를 돌보느라고 손자와 더불어 바닷가에서 앉아 있을 때가 많았다.

바닷바람이 거칠어 저항력이 약한 손자가 시퍼런 코를 흘리면 할아버지께서 혀로 핥아줄 만큼 후손에 대한 사랑이 지극하였으니 훗날 마음의 양식이 되어 이 시를 썼다.

유아기에서 유년기로 성장하면서 할아버지께서 연이나 팽이, 자치기를 직접 만들어 주셨고, 유리구슬이 없으면 심지어 찰흙을 구워서 흙구슬도 만들어 주셨음에 이미 이순이 넘은 손자이지만 생각할수록 눈이 아려온다.

오늘도 할아버지가 계시지 않는 고향바다를 오래 보고 있노라면 할아버지의 영혼이 바다 위에 떠 있는 듯, 그 평평하고도 광활한 공간이 자장가처럼 들리는 물결소리와 더불어 마음의 행로가 깊어진다. 지혜는 바다에서 무르익는다고 했던가.

내가 인간으로 태어나기까지 얼마나 많은 인연이 망라되었을까? 할아버지는 아버지의 하늘이라는 의미로 할아버지라고 부른다. 조상을 거슬러 헤아리다 보면 나라는 존재가 절로 소중해지고 바다 또한 엄숙하고도 은혜로운 공간이다. 할아버지를 손자로 아꼈을 윗대 할아버지의 영혼도 함께 말이다.

그렇게 어린 거북이가 헤엄치듯 늙어버린 거북이도 헤엄치고 있을 것이고, 그 거북이들을 낳았던 거북이의 조상들의 영혼도 바닷가 백사장에 남아 있다.

사람이 늙으면 얼굴 표피가 낡고 각질이 우둘투둘하여 파충류처럼 험상궂게 변하는데 젊은 한때 영웅호걸과 같은 기백이나 선녀와 같았던 미모에도 그런 현상이 도래한다는 사실이 우리들을 우울하게 한다.

할아버지는 손자가 즐거워하는 모습이 보고 싶어서 고추를 따먹는 시늉을, 어린 손자는 할아버지의 코믹한 표정과 반복되는 간질임으로 깔깔거리며 웃는 동안 사람이 사람을 아끼는 근본이 형성되는 거다.

할아버지는 손자의 눈 속에서 자신의 늙은 모습을 보고, 손자도 늙으면 그러하리라는 예측을 침묵으로 대신한다. 해맑은 손자의 눈동자에 깃들어 웃고 있는 할아버지의 영상, 그것은 눈부처. 마주보는 눈부처로 기인하여 눈 속에, 눈 속에, 눈 속에…, 기하급수적으로 증폭되는 무량의 세계인 프랙탈(Fractal)이 형성된다. 인간이 인간으로 전수되는 혈맥처럼 바다 또한 무한하여 파충류가 태어나고 죽는 생명의 근원으로 영원히 남기를.

할아버지가 손자를 돌보면서 고추를 따먹는 시늉은 할아버지와 아버지와 아들, 손자로 이어지는 혈연 윤회의 현상인데 바다를 '거북이의 무덤'이라고 활용한 제목이 보물처럼 돋보이면 얼마나 좋겠는가.

무지개

공기는
허공의 물결

무지개는
허공에 열린
물방울 보석.

강의를 하면서 운명과 숙명의 다름을 질문해 보았다. 뜻밖에도 생각의 차이가 많았다. 사실 운명과 숙명은 비슷하긴 하다. 그러나 말이 다른 만큼 분명히 다르기에 운명과 숙명의 다름을 간결하게 표출할 필요성을 느끼고는 〈무지개〉라는 시를 썼다.

우선 운명과 숙명에 대한 자료를 찾아보았다.

'운명은 수동적이고 숙명은 능동적이다. 숙명은 자신의 의지에 따라 따르는 것이고 운명은 자신의 의지와는 관계없이 따르게 되는 것으로 운명은 앞에서 오는 화살이라 피할 수 있고 숙명은 뒤에서 꽂히는 거라 못 피한다.

사전적 풀이로, 운명運命은 인간을 포함한 모든 것을 지배하는 초인간적인 힘, 또는 그것에 의하여 이미 정하여져 있는 목숨이나 처지로 앞으로의 생사나 존망에 관한 처지이며 숙명宿命은 날 때부터 타고난 정해진 운명, 또는 피할 수 없는 운명인데 운명에서 運자는 옮기다, 움직이다이고, 숙명에서 宿자는 묵다, 머문다는 뜻으로 쓰인다고 보았을 때, 운명은 옮길 수 있는 목숨이고, 숙명은 옮길 수 없는 목숨이라는 것. 즉, 개척할 수 있는 것이 운명, 개척할 수 없는 것이 숙명이다.

지구는 많은 기상 현상과 기압으로 구름이 순간에 생성되어 비도 뿌리고, 바람도 불게하며 건조하고 습하게도 하듯 여기서 비유를 들자면 지구가 숙명이고 그 안에 구름은 운명이다.

숙명은 태어나면 과정을 겪고 다시 죽는다는 것으로 인간으로서 거부할 수 없는 것이며 운명은 그 과정 중에 벌어지는 수많은 이야기들이다. 그러기에 숙명 안에 운명이 존재하는 것이기에 미래를 정할 수가 없다.'

이 자료에서 혼돈은 무엇이며 착각은 무엇인가? 정반합을 위하여 일단 부정해 보았다. 나를 겨누어 날아오는 화살은 눈앞에서 날아오든지, 등 뒤에서 날아오든지 피하기 어렵다.

운명은 옮길 수 있는 목숨이고, 숙명은 옮길 수 없는 목숨이라서 개척 가능한 것이 운명, 개척할 수 없는 것이 숙명이라고 하였지만 목숨은 용도를 변경하거나 개간하는 땅이 아닌 것이다.

나는 운명의 씨앗이다. 모든 만남은 운명의 씨앗을 발아시킬 터전이다. 강조하지만 모든 만남은 운명이다. 만남으로 비롯된 운명 안에 주어진 천명으로 숙제를 해야 하는 피동의 운명, 그것이 나를 비롯한 모든 존재이다.

내가 인간으로 태어난 것은 운명, 어떤 인간으로 살았느냐가 숙명, 내가 시인이 된 것은 운명, 어떤 시인으로 살았느냐가 숙명이다. 내가 너를 만난 것은 운명, 어떤 너와 내가 되었느냐가 숙명이다. 부산이나 서울도 운명이다. 어떤 서울이냐, 어떤 부산이냐가 숙명이다. 즉, 오늘을 만난 나와 나를 만난 오늘은 운명이다. 어떤 오늘을 서로 공유하였느냐가 오늘 하루

치의 숙명이 형성된다. 이상 기류로 비행기가 사세부득이 회항하여 항공사에서 배려한 호텔에서 느닷없이 외박을 한들, 운명의 틀 안에서 벌어지는 숙명의 산물이다.

마땅하게 태어났으니 죽어 마땅하다면 냉정한 표현이긴 하지만 운명은 하드웨어이고, 어떻게 살다 죽었는지는 소프트웨어이다.

쉽게 말해서 숙명은 집에 가서 공부를 더 하라는 숙제라고 생각하면 숙명의 풀이는 쉽다. 그래서 숙명宿命은 이 세상에 집을 짓고 살면서 이루어지는 보람을 의미한다.

하늘이 하늘에 있음은 운명이다. 어떤 하늘이 되느냐는 것은 하늘의 숙명이다. 가끔 하늘에 펼쳐진 무지개를 볼 때가 있다. 더하여 쌍무지개를 볼 때도 있다. 무지개는 허공에 뿌려진 물방울 보석이다.

공기는 허공의 물결이다. 허공의 물결을 옮기는 것은 바람이다. 하늘이 하늘인 것이 운명이므로 무지개가 펼쳐 있는 하늘은 무지개를 만난 숙명이다.

다시 말하자면, 무지개가 있거나 없거나 하늘은 하늘이기에 운명인 거고, 어떤 하늘인가로 펼쳐질 때 비로소 하늘에게도 숙명은 주어진다.

내가 이 세상에 존재하는 것이 운명이므로 어떤 내가 되느냐는 것은 나의 의지의 표현이다. 나름으로 만족한 삶을 살았다면 꼬박꼬박 숙제를 잘하여 성공한 사람으로 사는 것이고, 나처럼 시를 많이 쓰기 위하여 먹고 사는 일에 게을렀다면 가난에 허덕거림은 숙명으로 펼쳐지는 고통의 그림자.

숙명은 선택할 수 있기에 거부할 수가 있다. 시를 안 쓰면 되니까. 규칙적으로 운동하고 폭음을 피하고, 남들과 잘 어울리고, 땀 흘려 일하고, 돈을 아껴 쓰고… 이런 상식적인 생활태도를 벗어나면 운영이 주는 천벌이 아닌, 고난이라는 체벌을 받으면 되니까.

그러나 운명은 거역할 수가 없다. 정해진 천명이니까. 하지만 내가 눈 감으면 우주는 온통 암흑천지가 되므로 들꽃 한 송이도 볼 수 없다는 상실을 염려하다 보면 우주의 순환인 인과응보를 거역하고 싶긴 하다. 그래서 운명을 거스르면 천벌을 받는다고 경고를 하는 것이다.

여기에 펼쳐진 무지개는 나를 만난 운명으로 시로 거듭나는 숙명을 지녔다. 시인으로서는 숙제를 잘한 셈이다. 운명이야 어쩔 수 없다한들, 숙명을 숙제로 받아들인 나는 존재가치를 획득하기 위하여 어느 정도 내 몫은 챙겼다.

허공

허공 있으니
비 내리고 어둠이 쌓이고
저 짙은 피안에서
새알은 꿈꾸고 있네
구름이 흐르는 새벽에
해도 뜨고
눈부신 빛이 퍼져서
물고기의 비늘도 반짝이네
바람 소리 물결 소리
오래전에 말하다가 죽은 영혼들의
유언이 떠도는 허공
저 깊은 무한을 향해
나도 그대를 사랑한다는 말을 남기네.

어제 모 문학단체에서 준 상을 받고 오늘 비행기로 귀향하는 중이다. 기창 너머로 허공을 바라보고 있으려니 20년도 넘은 시심의 미로가 넘실거린다.

1991년 1월 1일 당해연도에 신춘문예당선자들을 위한 기사가 일간지마다 대서특필되었다. 처음으로 시행한《한라일보》신춘문예 시 부문에서 최종심에서 낙선한 내 이름도 조그맣게 보였다. 실망은 했지만 양력으로 설을 쉴 때라 따끈한 떡국이 맛이 있어 좌절은 없었다. 왜냐하면 당선자와는 거의 쌍벽을 이루었다는 의미도 있음이니까.

그래서 지방이지만 대단한 문인이 포진되어 있는 예향의 도시인 전라북도 소재, 유명한 문예지인《表現》에 시《허공》을 응모하여 당선되었다. 스무 살에 뜻을 품고 사십대 중반에 시인이라는 가시면류관 자랑스럽게 쓰게 된 것이다.

악도 일단을 긍정하는 세상이라는 신념을 지니고 있었기에 겉멋만 화려한 시인이라고 한들 이름이라도 남겨야 한다는 열정으로 쓰고 있으면 기적도 생긴다는 신념으로 마구 썼던 나날이 솜사탕 같은 구름 위로 펼쳐진다.

만류인력의 법칙으로는 공기보다 무거운 것들은 다 땅으로 떨어진다고 하였다. 그렇게 지구엔 인력이 있다는 거다. 그런데 쇳덩어리인 비행기는 왜 이다지도 광활한 허공을 멋지게 날고 있는 거냐? 그런 의미로 보면 거대한 유람선도 마찬가지 의미이다. 물보다 무거우면 바다 속으로 가라앉아야 당연하거늘 푸른 비단길을 거닐 듯 유유히 떠가고 있다. 그것은 과학의 힘으로 만들어진 부력이다.

허공에서 지상을 내려다보고 있으려니까 별천지라는 느낌이 든다. 저기 양떼구름 사이로 햇살이 비치는데 무한 허공이 펼쳐 있어 달도 별들도 같이 떠돌고 있다는 생각이 절로 든다.

내가 사는 제주도에서 태양이 멀어지면 어둠이 쌓여 밤이 되니까 허공 위의 허공은 별천지나 다름없기에 변함없이 햇살이 퍼지고 어둠이 쌓이기에 신이 살고 계신 별장인 거다.

문득, 비어 있음이 없다면 이쪽에서 저쪽으로 이동을 할 수 없으니 비는 어떻게 내리며, 들풀은 어떻게 꽃잎을 내밀 것이며, 새들은 새로운 곳을 향하여 어찌 날아다닐 것인가. 그래서 생명력이 짙은 피안에서 새알이 숨쉬고 있다는 생각이 절로 들었던 거다.

반야심경에 보면 '色卽是空 空卽是色'이라 하여 비어 있음에 채움이 있으니 바람도 물결도 빈 곳을 따라 흘러갈 수가 있음이다. 허나 여기서 간과할 수 없는 것은 흐르긴 흐르되, 내리긴 내리되 나누어 흐르고 나누어 쏟아진다는 사실이 경이롭다.

만약에 장마라고 한들, 폭포처럼 쏟아지면 지상은 어찌 될 것인가? 만약에 온난화로 드넓은 허공에 용암이 한꺼번에 분출하면 인간은 어디서 어떻게 종족을 보존할 것인가. 태풍이 무섭긴 하지만 그나마도 며칠이기에 우리가 고난을 견디는 것이다.

꽃도 계절 따라 피기 망정이지 경기장 울타리가 무너지듯 무더기로 피면 꽃 사태도 재앙이 되고 말 것이다. 그래서 계절 따라 점잖게 나누어 피고 사람들도 후손이라는 사명으로 차근차근 연이어 세상에 태어나는 거다. 때가 되면 선인처럼 뒤를 따라 비움을 실천하는 것이다. 그러니까 세상에 존재하는 만물은 나눔의 실천으로 더불어 살고 있음이다.

이 시로 황금분할이라는 깨달음을 얻게 되었으니 그 고마움을 불교의 자비로 알아 물속에 사는 미물의 안위도 지켜주는 혜안을 나타내려고 물고기의 비늘도 반짝인다고 했다.

하여, 이 무한 허공엔 생자들의 시각만 존재하는 것이 아니고 오래전에 정다운 말을 나누다가 죽은 선인들의 유언이 허공을 떠돌고 있다는 상상이 가능했다.

만약에 내가 이 허공에 유언을 남긴다면 무엇이라고 해야 할까?

나와 더불어 살고 있는 지상의 모든 꽃들에게, 구름을 몰고 가는 바람에게, 그리고 나를 사랑해주는 모든 이에게 나도 저 깊은 무한을 향하여 사랑한다는 말을 남기고 싶은 소망을 담아보았다.

문어와 참외

해초 옆에 숨어 있는 문어
먹음직한 점박이 무늬 살
잡아내려고 손을 넣었다가
이끼 밟은 발바닥이 미끈거려
뒤돌아 씩 웃었더니
검은 바위 위에 앉아서
나를 보고 있는 비구니의 얼굴
노랗게 익은 참외
손에 든 목탁에선 피가 흐르고
눈 비비고
다시 물속을 들여다보았더니
앗! 문어는 사라지고
참외도 없어지고
물 위에 떠 있는 내 얼굴만
물결에 일그러진다.

나도 시인의 반열에 들어선 지도 어언 20년이 넘었다. 〈문어와 참외〉는 내 고향 바닷가에서 문어를 잡았던 추억을 떠올리며 쓴 시이다. 불경에 대한 경외심을 간직하고 있어 접하기 쉬운 반야심경도 들을수록 감동을 구하고는 불교시라는 이름으로 이 시를 썼다.

당시, 이 시를 평해주신 시인이자 문학평론가인 이운룡 박사의 해설을 첨부한다.

'문어와 참외라는 미물을 현실의 바다에 투영시킴으로써 상징적 의미가 깊은 시이다. 이 시에서 문어는 인간의 욕망을 상징하고 참외는 비구니의 얼굴을 상징, 자신의 양심을 볼 때까지의 마음의 전이를 그리고 있는, 일종의 선문답의 불교적인 상징시이다.

詩에서 불교 이미지가 많이 원용되고 있는 것을 볼 때에 부처의 지혜와 만법萬法이 그의 시에 영향을 끼치고 있는 것을 느끼고 있다.

여기서 문어와 참외가 상징하는 의미망을 보편적 인식의 차원에서는 이해하기 어렵다. 왜냐하면 객관적인 사물에 일단의 의미를 자유연상에 의해 설정함으로써, 형상화의 기본 틀을 짜놓고 있기 때문이다. 따라서 상황의 전개를 위한 언어 그 이면에 다른 모습으로 존재하고 있다는 것을 발견하지 않으면 시의 진위를 파악하기가 곤란하다.

이 시는 허상을 잡으려는 인간의 욕망이 얼마나 허망한 것인가를 양심에 호소하면서, 이를 지켜보는 초인, 즉 부처의 대승자각과 넓은 도량과의 대조에 의해 종교적, 형이상학적 관념을 상징화하고 있다. 반면에 해학적인 재미도 있다. 문어를 잡으려다 넘어지는 바람에 '뒤돌아 씩 웃었더니'의 그 웃음은 설화자의 웃음이자 독자의 마음을 시원하게 해 주는 공감이기 때문이다. 다시 말하자면 욕망에 대한 일종의 혐오감일 것이며, 인간의 한계상황에 대한 깨달음일 것이다.

더욱이 비구니의 '손에 든 목탁에선 피가 흐르고'와 같은 중생구제의 이미지와는 사뭇 대조를 이룸으로써 불교적 대승의 엄숙함과 경건함을 은근하게 드러내고 있음이다.

결구에서의 '문어'나 '참외'의 사라짐이나, 물 위에 떠 있는 '얼굴의 일그러짐' 등은 시인의 깨끗한 영혼에 현실의 삶의 모습들이 오버랩되는 극적 장면을 연출시키고 있다.'

목탁을 스님 개인이 휴대하기 위한 목어를 압축한 불구佛具로 보거나 어머님의 영혼을 소로 보는 불가의 뜻에 따라 목탁을 소의 심장으로 상징하여 지니고 다님도 깨우침에 버금가는 뉘우침을 위한 불심이라고 유추해 보았다. 다만 젊은 비구니도 생리를 하는 여인이기에 무르익은 열매로 생각한 관점은 구업口業이라 송구스럽다.

江의 침묵

강가에 갈대 꽃피어 흔들린다
햇살은 뜯긴 새털처럼 떠다니고
말없는 사나이의
흰 장갑을 바라보며 노를 저었다
오늘도 귓속에서 엿이 녹는 소리가 났다.

흰 장갑이 유골 함에서 뼛가루를 꺼낸다.
갈대 꽃가루처럼
부서진 한숨처럼
가벼운 것들이 뿌려진다
어느 사람의 흔적이

눈을 들어 먼 산을 쳐다보는 사나이와
닻을 내리는 나에게도 황혼은 덮쳐
출렁이는 강물이 핏빛으로 붉다

날이 저물고 달이 뜨면
빈 배 달그림자에 잠기고
주막집 술에 젖은 나는 허허 웃는 인생.

인간사를 지켜보는 강은 할 말이 얼마나 많겠는가?

어느 사람의 흔적이 뼛가루로 변하여 강에 뿌려질 때마다 강이 맞이했을 안타까운 침묵을 생각하니 삶 자체가 서럽다. 떠나는 자의 부서진 한숨을 송두리째 간직하고는 하염없이 넘실거리며 수많은 밤을 하얗게 지새운다고 말하고 싶을 정도이다.

강은 시인의 가슴이 되어 그 말없는 순간들을 지독한 허무감으로나마 달래고 있는 듯하다. 그래서 뱃사공이 된 시인은 공허한 가슴을 추스르려고 강변 주막집에 들러 술이라도 마시지 않으면 견디기 어려웠을 것이다. 공허한 가슴을 채워줄 유일한 즐거움은 사람의 냄새였을 터이니까. 그래서 시인은 강에서 엿 녹는 소리를 듣는가?

부서진 한숨처럼, 갈대 꽃가루처럼 가루가 된 뼈를 강에 뿌려지는 표현에 어느 사람의 흔적이 가뭇없이 사라지는 것을 가벼운 것들이라는 신음에 인생무상을 감지하면서도 야릇한 전율도 느꼈다.

또한 강에 비친 노을을 잠긴다고 표현하지 않고 덮친다고 했다. 말미에는 출렁이는 강물이 핏빛으로 붉다고 했는데 속으로는 대성통곡이라도 하고 있는 것일까?

황혼은 누구에게나 평등하다. 강물이나, 사자의 뼛가루나, 사나이나, 나에게도 똑같이 덮쳐 현재의 삶을 되돌아보게 한다.

설령 날이 저물고 달이 떠도 마찬가지리라. 달그림자에 잠긴 빈 배도 영혼을 잃어버린 시신으로 암시하는 것 같다. 아니다. 달그림자가 누워 있는 관으로 보인다. 죽은 자는 죽었기에 죽었다고 말할 수 없는 이 지독한 비극.

지천에 널린 고독이라는 단어를 또한, 침묵이라는 단어를 이토록 가슴 저리게 표현하기란 그리 쉬운 일은 아니다. 노을의 붉은 빛과 달빛의 흰 빛을 생과 사로 대비시킨 트릭은 무엇이란 말인가?

엿은 녹으면서 소리를 내지 않는다. 정말이지 겸허하고 심오한 인생은 소리가 나지 않는 법이다. 빈 수레가 요란하다고 하지 않는가.

지구는 어마어마한 운석雲石이다. 지구는 돌고 있다. 지구가 도는 소리를 우리는 왜 못 듣는가? 너무 커서 감당할 수 없으니 차라리 못 듣는 거다. 고통이 지독하면 오히려 눈물이 나지 않는 것과 같은 맥락이다. 죽을 때 우는 가시나무새처럼 생명의 의미를 알고 득음을 전하는 그런 날이 온다지만 뜻밖의 기쁨으로 꽃들이 웃는다거나 새들이 노래한다고 말한다면 잘못된 표현일까? 깨끗한 혼으로 모든 소리를 들으라고 자연은 속삭이는 것 같다. 뼈아픈 울림마저 환희로 노래하기 위하여 시인 또한 얼마나 많은 고뇌의 시간을 보냈을까.

이 詩엔 낮과 밤이, 생과 사가 교차하는 지점에 어떤 숙명이 엿처럼 녹아 있다.

눈 내리는 밤

과거는 회상 속에
새로운 현실이 됩니다

함께 고통을 나누지 못했던 아픔이
또 다른 아픔으로 자라기도 하고
아름다웠던 부분은
꿈꾸게 하여
허공에 손을 내밀게도 합니다

우리는 새로운 시간 속에서
낡은 사진을 들여다보며
추억의 파편을 줍고 있는지 모릅니다

지금 창 밖에는
먼 길 떠난 사람들이 보내는 선물같이
흰 눈이 펑펑 쏟아지고 있습니다.

창밖으로 눈이 펑펑 쏟아지면 원시 시대 젊은이가 동굴에서 멧돼지 올무를 만들다가 동굴 밖을 기웃거리는 풍경이 떠오른다. 원시 시대로 돌아가고픈 대리만족일까. 연극무대에 선 주연배우가 된 듯, 뺨에 녹는 눈을 실감하면서 허공을 응시한다.

'과거는 회상 속에/ 새로운 현실이 됩니다.'

여기서 '회상으로' 라고 해야 맞다. 회상 자체가 마음에서 피어오르는 영상이니까. 틀린 줄 알면서 왜 차용하고 있는가? 마음보다는 마음속이라고 말해야 직성이 풀리니까.

과거라는 것은 지나가버린 것, 그래서 다시 오지 않는 것. 하지만 회상으로 꺼내올 수 있으되 새로운 시간과 새로운 공간에 펼쳐지는 옛 사연의 잔해일 뿐이다. 잔해라도 있으니 그곳을, 그것을 주워 모아서 기억의 보금자리에 모실 수가 있는 거다. 묘비명에 적혀 있는 내용도 그런 사실의 기록이다.

'함께 고통을 나누지 못했던 아픔이/ 또 다른 아픔으로 자라기도 하고'

그때 잘해줄 걸, 하는 후회가 가슴을 친다. 애처로운 눈길로 도움을 청하는 줄 번연히 알면서도 매몰차게 돌아선 나의 비정. 인하여 병은 점점 악화되더니 종국에는 영영 이별의 길로 멀어졌으니… 그것이 스스로 대못이 되어 내 가슴에 박히고 말았다. 또 다른 아픔이란 이제 와서 내가 어쩌지 못하는 회한이다.

'아름다웠던 부분은 / 꿈꾸게 하여 / 허공에 손을 내밀게도 합니다.'

하여 선하고 아름다웠던 사연을 애써 찾아내고는 미완의 부분을 소중하게 가꾸면서 원하는 만큼 연거푸 못다 한 정을 쏟아 넣는다. 그렇게 회한이 절실한 사람들은 오래된 당산나무나 먼동이 트는 수평선을 향하여 손 모아 소망을 빌게 된다. 그런 일련의 동작들이 길을 걷다가 혼잣말로 중얼거리거나 알 수 없는 손짓으로 나타낸다. 아차, 하고 뉘우칠 때 나도 모르게 고개를 흔드는 그런 동작을 말함이다.

'우리는 새로운 시간 속에서 / 낡은 사진을 들여다보며 / 추억의 파편을 줍고 있는지 모릅니다.'

그렇다. 새로운 시간마다 낡아가는 우리들 자체를 흔들어 깨우고는 여태 뇌리에 남아 있는 추억의 편린들을 한 조각 한 조각 지느러미처럼 거듭 엮고 다시 유영하려는, 그런 막막함을 하소연하고 싶음이다. 과거가 다시없는 화석이 되고 말았듯이, 그 석화마저도 녹아서 흙이 되고 말듯이 현재도 거친 숨결로 싱싱함을 자랑하지만 매순간마다 서둘러 과거가 되는 막막함, 미래 또한 결국에는 현실로 닥쳐와서는 잠시 현실이 될 뿐, 그 또한 과거인 것을, 그래서 미래는 미지의 과거이다.

'지금 창 밖에는 / 먼 길 떠난 사람들이 보내는 선물같이 / 흰 눈이 펑펑 쏟아지고 있습니다.'

눈보라는 처처로 윤회인가. 봄이 오니까 꽃이 피듯이 눈이 녹으면 물이 되고 안개가 되어 하늘에 오른다. 삶과 죽음의 경계가 덧문 하나 사이라면 얼마나 허망한가. 허나 한편으로는 그리 멀지 않으니 꿈꾸는 것처럼 아무렇지도 않은 미혹의 세계일 것이다. 흰 눈 속에 가려져 보이지는 않지만 분명 반가운 음성이 들리는 듯, 조용히 내리는 눈은 그리운 사람들이 보내는 선물과 같아 마음이 깊어진다. 어떤 죽음도 안타까운 상실이라는 의미를 염두에 두지 않고서는 이 시를 읽는 묘미는 없다.

餘白

강 건너
울창한 소나무 숲
솔잎 냄새 향긋하다

굽이굽이 산길
강바람은 물무늬를 만들고
바위에 부서지는 햇살
돌아서서
다시 소나무 숲을 바라보면
푸른 손을 흔드는 소나무 숲

멀리 산이 앉아 있고
흰 구름 떠가고
문득, 나는 즐겁다
산다는 것이

석양을 헤집고
둥지 찾아가는 멧새들을 바라본다
일몰에 길어지는
그림자와 나란히 서서.

한시에서는 시작법으로 기승전결을 '起承轉結'이라고 쓴다. 문학 강의를 할 때는 이렇게 4연으로 된 시가 주류를 이룬다고 설명하긴 하지만 나의 이론으로는 기승전결을 '氣勝傳結'로 풀이해서 쓰기도 한다.

여백餘白이라는 말이 가슴에 와 닿는다. 비어 있음은 미지의 설렘으로 채워질 공간이다. 동양화에서, 붓글씨에서 여백은 지정된 사물을 돋보이게 하는 군중들의 뜨거운 침묵이다. 또한 여백은 사물이 살아가게 하는 허공의 대지이다.

제주도에는 냇가는 있지만 강이 없다고 봐도 맞다. 강을 위하여 시를 쓸 때는 육지 여행에서 구한 집중이나, 영화에서 만나는 강을 극중 줄거리로 시심을 표출할 수 있어 그나마 바다밖에 모르는 나를 다행스럽게 해 준다.

강 건너 울창한 소나무 숲에서 불어오는 바람은 솔향기 짙게 내 몸에 감기지만 헌옷처럼 너덜너덜하다. 소나무가 침엽이라서 그렇다는 거다.

굽이굽이 산길을 떠올리고 있노라면 묘사의 달인, 시인 김광균의 '넥타이처럼 풀어버린 산길'이라는 이미지가 생각나고 들판을 기어가는 강줄기 풀숲에 숨어버린 실뱀이라는 묘사 또한 어느 유명 시인의 표현임을 떠올려본다.

강바람이 물무늬를 만드는 줄을, 바위에 부서지는 햇살이 더욱 눈부신 줄을 문득 알았기에 길을 가다가 뒤를 돌아본다는, 적어도 산길을 가는 어진 사람이라면 뒤돌아서서 뒤에 남겨진 풍경도 감상할 줄 알아야 한다는 발상에 도달한다. 혹시 누군가가 내 뒷모습을 지켜보고 있을지도 모르니까. 도시에서 가끔은 뒤도 돌아볼 때가 있어야 하듯이 앞길이 막막하면 어찌하여 이 지경이 되었는지 돌아서서 곱씹어 보는 것도 일종의 덕목이다.

'멀리 산이 앉아 있고 흰 구름 떠가고'에서 산이 앉아 있다는 표현을 기필코 쓰고 싶은 욕망을 드러낸 거다. 그래야 바다에 서 있는 섬이라고 대구를 이루게 되니까.

구름은 대체적으로 희기 때문에 흰 구름이라고 하는 말은 손쉽게 뱉어지는 표현이기에 지양해야 할 수식이지만 요 부분만큼은 내가 그린 풍경화로 간직하고 싶은 순수함을 암시하고 있음이다.

삶의 가난과 사연의 부대낌을 잠시 잊고 흰 구름이 마냥 흘러가게 비워둔 여백을 눈여겨보고 있는 순간이야말로 지호락知好樂이라고 안다는 것보다, 가지고 있다는 풍요보다 더 즐거운 마음인 것이다.

이 즐거움은 깨달음과 연결되는데 석양을 헤집고 둥지를 찾아가는 들새들에서 다시 집으로 돌아가야 하는 일상의 모습을 일몰의 그림자와 나란히 서 있는 또 하나의 나를 만들어 보았다. 그것은 여백의 귀퉁이에서 원하는 삶을 살고 있는 실제의 나인 것이다.

짧은 포옹 긴 이별

고훈식 지음

발행처 | 도서출판 국보
발행인 | 임수홍
편 집 | 맹신형
디자인 | 최정숙
등 록 | 제 324-2006-0023호

인쇄 2013년 7월 3일
발행 2013년 7월 8일

주소 | 서울시 강동구 길동 395-3 2층
전화 | 02-476-2757 / 476-7260
팩스 | 02-476-2759
이메일 | kbmh11@hanmail.net
홈페이지 | http://cafe.daum.net/lsh19577

값 12,000원
ISBN 978-89-93533-50-7 03800

「이 도서의 국립중앙도서관 출판시도서목록(CIP)은 서지정보유통지원시스템 홈페이지(http://seoji.nl.go.kr)와 국가자료공동목록시스템(http://www.nl.go.kr /kolisnet)에서 이용하실 수 있습니다.(CIP제어번호: CIP2013010941)」